3日でわかる法律入門

はじめての
民法

第4版

尾崎哲夫 著

自由国民社

はじめに

　私は、法律の本を20冊以上書いてきました。

　おかげで『はじめての民法総則』など「3日でわかる法律入門」シリーズは多くの読者に読んでいただいております。

　このほど、現時点での私の民法の研究、要約、執筆の集大成として民法の入門書を一冊でまとめたいと考えました。

　憲法は、根本法であり、最高規範であるという意味で、法律のキングと言われるべきかもしれません。

　しかし、見方を変えれば、民法こそ法律の王様ではないでしょうか。

　民法は、市民の法であり、民衆の法律です。私たち国民の、日常生活を律する最も基本的な法律です。

　法律を勉強したいと思う、あるいは法学部を出たがもう一度やり直したいと思う、ところで何から勉強したらいいだろうか、という質問を受けます。私は、ためらいなく、民法から始めてください、と答えています。

　民法は1000条を超える条文を中心とする広く深い法規範です。マスターすることは容易ではありません。しかし、いったんマスターすると、法律を半分以上征服したようなものです。

　まず、民法の特別法である商法や会社法がわかるようになります。刑法他も理解しやすくなります。

　法律全体理解の特急券を手にしたようなものです。

　この本では、民法全体が一冊でわかるようにさまざまな工夫を凝らしました。できるだけわかりやすい表現を使い、日常生活の例を通して、骨組みだけの解説に専念しました。できることなら、目からウロコがおちるような決定的入門

書を書きたいと考えました。

　読者の皆さんがこの本を通して民法の基本を理解され、法律全体の征服に向かわれることを、最良のパートナーである自由国民社竹内尚志編集長と共に祈っております。

　法律の研究、執筆において以下の方々に、さまざまな形でお世話になりました。この場を借りて御礼申し上げる次第です。

　川谷信行、櫻井勝友、西口博之、長谷川俊明、牧野和夫、舛井一仁、三倉八市、各氏。

　2019年10月吉日

著　者

＊本書は2019年9月末日までに公布されている法令にもとづき記載し、施行前の法令もその内容を反映しています。一部、施行前の内容で説明する際は、その旨記載してあります。

主要参考文献・お薦めしたい法律の本

『生活民法入門』大村敦志著（東京大学出版会）

『民法Ⅰ』内田貴著（東京大学出版会）

『民法講義Ⅰ』近江幸治著（成文堂）

『ゼミナール 民法入門』道垣内弘人著（日本経済新聞社）

『債権総論』平井宜雄著（弘文堂）

『ガイダンス民法』田山輝明著（三省堂）

「有斐閣Ｓシリーズ民法各編」（有斐閣）

『民法判例集』内田貴ほか著（有斐閣）

『みんなで考えよう司法改革』戒能通厚著（日本評論社）

『だれのための『司法改革』か』民主主義科学者協会法律部会編
（日本評論社）

『江戸の訴訟』高橋敏著（岩波書店）

『ドキュメント裁判官』読売新聞社会部著（中公新書）

『ドキュメント検察官』読売新聞社会部著（中公新書）

『ドキュメント弁護士』読売新聞社会部著（中公新書）

「３日でわかる法律入門シリーズ」尾崎哲夫著（自由国民社）

『法律用語ハンドブック』尾崎哲夫著（自由国民社）

『条文ガイド六法　民法』尾崎哲夫著（自由国民社）

『はじめての六法』尾崎哲夫著（自由国民社）

『法律英語用語辞典』尾崎哲夫著（自由国民社）

目……次

はじめに————————————————————————2

第1編 総則

0 民法をはじめよう————————————————8

1 民法の全体像——————————————————9

2 契約の主体（人）————————————————12

3 法人——————————————————————28

4 権利の客体（物）————————————————38

5 契約の成立——————————————————44

6 契約の有効性—————————————————55

7 代理——————————————————————64

8 契約の効力発生時期（条件・期限・期間）——72

9 時効——————————————————————74

第2編 物権

10 物権法の全体像————————————————80

11 物権変動———————————————————84

12 占有権————————————————————90

13 所有権————————————————————93

14 用益物権———————————————————97

目次

第3編 債権

15	債権法の全体像	100
16	債権の効力	105
17	契約総論	115
18	債権債務の移転	133
19	債権の消滅	137
20	契約各論	144
21	事務管理	182
22	不当利得	185
23	不法行為	190

第4編 債権の履行確保

24	責任財産の保全	210
25	人的担保	216
26	物的担保	224

第5編 家族法

27	親族	252
28	相続	274

第1編

総則

第1編■総則

民法をはじめよう

0

　今日から3日間、民法の研修を担当することになった尾崎です。

　この研修は、法律を学んだことのない新社会人を対象にしています。

　はじめて、民法の条文をみると、1044条もあり、こんなに膨大な量なのかと、気が遠くなりそうになります。でも、ご安心ください。この膨大な条文を暗記する必要はありません。基本的な概念と全体像を把握すれば、きっと民法を使いこなせるようになります。

　世の中、一歩外にでると、契約にあふれていますね。

　コンビニで食パンを買うのも契約です。家を買ったり、マンションを借りたり、電車に乗ったりするのも契約です。お医者さんに行って治療を受けるのも、喫茶店で珈琲を飲むのも契約です。

　この契約のことを定めているのが、民法です。

　また、民法は、みなさんの家族の関係、結婚や相続のことも定めています。そう考えると、皆さんにとって、最も身近な法律だと思いませんか。英語では、Civil Law と言います。まさに市民の法律です。

　よく、テレビで刑事ものをみると思いますが、実際には犯罪者になったりしない限り、なかなか刑法のお世話になることはありません。でも、民法は、みなさんの日々の社会生活と密接に関係しています。

　まして、社会人になると、相当タフな交渉をしなければならない場面がでてくるかもしれませんよ。

　相手は、百戦錬磨のナニワ商人かもしれません。兜町の金融マンかもしれません。最近は、日本のビジネス環境もどんどん国際化してきて、いまやアジアでの競争にもさらされています。交渉相手は日本人だけとは限りません。

　そんな高い山を目標にしつつ、まず、民法の基礎知識を

8

しっかりと身につけましょう。

私の研修では、とくに法律を勉強したことのない社会人の皆さんが、仕事で必要な民法の知識について、具体的な事例をあげながら、わかりやすく説明していきます。

社会人の皆さんの即戦力となるような研修にしたいと考えています。具体的には、不動産や動産の取引の際に必要となる契約法に重点をあてて、研修を進めていきます。

では、さっそく、はじめましょう。

なお、各章タイトルの★は重要度を表しています。★が多いほど（最高で３つ）重要度が高くなります。

民法の全体像　1
★★

1……はじめに

民法とは、一体何を定めているのでしょう。英語では、Civil Lawといいます。直訳すると、市民の法律ですね。

それでは、法律全体の中で、民法はどういう位置にあるのでしょうか。

2……公法と私法

▼公法と私法との区別は絶対的ではありません。たとえば県営住宅の使用関係は、公の営造物の利用関係として公法的な一面がありますが、事業主体と入居者の法律関係は、基本的には私人間の家屋賃貸借と異なるところはないので、条例に特別の定めがない限り、一般法である民法が適用されます（最高裁昭和59.12.13判決）。また、私人間の取引である農地の売買に農業委員会という行政の許可が必要なこともあります。

まず、法律は、「公法」と「私法」に分けることができます。民法は、「私法」のグループに属します。

「公法」というのは、選挙や税金など、**国や市町村との関係を規律する法律**です。憲法、公職選挙法、所得税法、刑法、少年法などがあります。

民法の属する「私法」というのは、売買契約や結婚、相続など、**対等な私人相互の関係を規律する法律**です。借地借家法、利息制限法、消費者契約法も「私法」に属します。

それでは、「公法」と「私法」の最大の違いは何でしょうか。

それは、「私法」は市民社会のルールを定めた法律であるということです。「私法」は、市民が生活しやすいよう

9

第1編■総則

に、市民同士の利害を調整する役割を担っています。

　ここで、民法を理解するうえで非常に重要な概念として、「私的自治の原則」が登場します。

　私の研修では、大事なことを黒板に書いていきますね。

　記憶の対象としてください。

「私的自治の原則」　⇒　契約は自由

but　さまざまなトラブル発生

そこで、「民法」が私人間の利害調整を補充的に行う。

　「私的自治の原則」とは、**市民社会において人が義務を負うのは、自らの意思でそれを望んだときだけ！**という原則です。

　たとえば、市民は自由に契約を結ぶなど、自分の意思で、自由な経済活動を行うことができます。これは、憲法の自由主義の表れでもあります。

　社会人の皆さんにとって重要なポイントは、民法には、13種類の典型契約（贈与、売買、賃貸借、請負など）が定められていますが、13種類の典型契約にとらわれる必要はなく、契約を自由に作成することができるということです。

　しかし、経済活動を市民の自由に任せると、いろいろなトラブルが発生することもあります。

　そんなときに、民法が登場してきて、問題の解決を図るのです。

　つまり、民法は、私的自治の原則を補充する役割を果たします。

3……一般法と特別法

　次に、民法は、「私法の一般法」です。「一般法」とは、一般的に適用される法律という意味です。

10

これに対して、「特別法」とは、特別な分野にかぎってルールを定める法律です。たとえば、商法はビジネスという特別な分野だけに適用される民法の「特別法」です。

たとえば、大量反復的になされるプロ同士（商人同士）の売買については、取引の円滑さ、迅速さを重視して、紛争を早期に解決しようという要請が働きます（商法526条参照）。

4……実体法と手続法

また、民法は、民事裁判をするときに、裁判官の判断の基準となる法律です。民法のように、権利・義務の所在について定めるルールを実体法といいます。

これに対して、実体法によって存在が確認された権利の強制的実現に関するルールを手続法といいます。民法上の権利について、その実現手続を定めた法律としては、民事訴訟法、民事執行法、破産法などがあります。

5……財産法と家族法

民法は、財産や契約などに関するルール（財産法）と親子や結婚など家族関係のルール（家族法）の2つからできています。

さらに、財産法は、物権法、債権法に分類することができます。

ここで、物権というのは、物に対する権利をいいます。たとえば、皆さんは、鉛筆や消しゴムを所有していますね。

また、債権というのは、人に対する請求権をいいます。皆さんが、私の研修を受けているとき、皆さんの会社は、私に対して、「研修をしてくれ」という債権を持っているのです。一方、私は、皆さんの会社に対して、「報酬をください」という債権を持っています。

物権法と債権法は、こういった「物に対する権利」と、「人に対する権利」を規定しています。細かい内容については、後で勉強することにしましょう。

まず、この民法の全体像をイメージできるようにしてください。

黒板に表すと、次のとおりです。

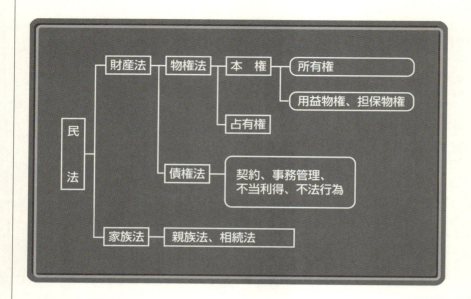

契約の主体（人）
★★
2

1……自然人

それでは、民法の世界に登場する「人」について勉強しましょう。

「人」には、「自然人」と「法人」という概念があります。

まず、「自然人」というのは、人間のことで、「自然人」は、生まれた瞬間、母体から全部露出した瞬間に、私権を享有します（民法3条）。

2……権利能力

「自然人」はみな、私法上の権利義務の主体となる資格（権利能力）をもつことができます。

権利能力の始まりは、出生（しゅっしょう）であり、終

わりは、死亡です。

では、胎児はどうでしょうか？

もちろん、胎児は、まだ生まれていないので、当然「自然人」ではありませんから、原則として、権利能力もありません。

例外的に、損害賠償の請求（721条）と相続（886条）と遺贈（965条）については、胎児も生まれたものとみなされます。

これは、出生の時期が少し早いか遅いかにより、損害賠償請求や相続をすることができたり、できなかったりするのは不公平だということを考慮して、例外が設けられたものです。

このように、法律の規定や解釈には、原則と例外があります。まず、原則をしっかりとおさえたうえで、例外を検討するという思考パターンがとれるように勉強を重ねていきましょう。

▼「みなす」というのは、本来は異なるものを、ある法律関係について、同一の取り扱いをすることをいいます。これに対して、推定するというのは、ある事実や法律関係が存在するか否かがはっきりしないときに、いちおう存否いずれかに定めることです。

3……意思能力

次に、意思能力という概念があります。

意思能力とは、自分の行為の性質を判断することのできる精神能力のことをいいます。

だいたい10歳未満の幼児や、これ以下の精神能力しかもたない精神障害者、泥酔者などは意思能力がないとされます。

意思能力を欠いた意思表示は無効です（3条の2）。

4……行為能力

しかし、実際の取引のうえでは、意思能力があったのか、なかったのかを証明することが、非常に難しい場合があります。

たとえば、皆さんが新入社員の歓迎会に呼ばれて、ついお酒を飲みすぎて、泥酔してしまった。その帰り道に、契約書に署名してしまったとしましょう。

その場合に、その署名が泥酔中のものであったということをどうやって証明しますか？

第1編■総則

　この証明の難しさを回避するということもあって、民法は、行為能力という概念を設けています。
　行為能力とは、みずから単独で確定的に有効な意思表示をなしうる能力をいいます。

　黒板にまとめます。

> 権利能力　私法上の権利義務の主体となる資格
> 意思能力　自分の行為の性質を判断することができる精神能力
> 行為能力　単独で確定的に有効な意思表示をすることができる能力

　そして、このような行為能力が制限されている者（制限行為能力者）を類型的に定めることによって、その者の保護を図っています。
　制限行為能力者には、①未成年者（5条）、②成年被後見人（8条）、③被保佐人（12条）、④被補助人（16条）の4種類があります。とくに大事な①②を説明します。
　①未成年者とは、20歳未満の者をいいます（4条）。
　未成年者が法律行為をするには、法定代理人の同意が必要です。
　未成年者は、まだ取引社会にひとりで参加するほどの判断能力をもっていないとされるわけです。法定代理人の同意を得ないで契約をしても、その契約は取り消すことができるのです（5条）。
　意思能力と違って、未成年者がどの程度の判断能力を持っているかは問題になりません。
　この法定代理人には、父母が含まれますが、父母が法定代理人である場合には、共同親権の原則が妥当します（818条）。

▼2022年4月1日から成人年齢が引き下げられ、18歳未満の者が未成年者となります。

2……契約の主体（人）

　皆さんが未成年者と契約する際には、父母のどちらか片方の同意では足りないことに注意しましょう。

　②成年被後見人とは、「精神上の障害により事理を弁識する能力を欠く常況」にあるため、本人、配偶者、4親等内の親族など一定の者の請求によって、家庭裁判所から後見開始の審判を受けた者、をいいます（7条）。ポイントは、事理を弁識する（物事を判断する）能力を欠く**常況**にあることです。

　成年被後見人には、成年後見人がつけられ、後見が開始します。

　成年後見人は、成年被後見人の財産を管理したり、法律行為を代理したり（859条1項）、成年被後見人の法律行為を取り消すことができます（9条）。

　ただし、日用品の購入など、日常生活に関する行為は取り消すことができません（9条ただし書）。

　成年被後見人本人も、取り消すことができる行為については、単独で取り消すことができます。

制限行為能力者の相手方の保護
① 追認の擬制（125条）
② 取消権の短期消滅時効（126条）
③ 相手方の催告権（20条）
④ 制限行為能力者の詐術による取消権の否定（21条）

　制限行為能力者であることの黙秘は詐術（さじゅつ＝だますこと）にあたるのでしょうか。制限行為能力者であることを黙秘していた場合でも、それが、制限行為能力者の他の言動などとあいまって、相手方を誤信させ、または誤信を強めたものと認められるときは、なお詐術にあたるとされます。

15

第1編■総則

> 制限行為能力にもとづく取消権行使の効果（121条）
> ①行為の遡及的無効
> ②制限行為能力者の現存利益の返還

5……住所

(1)住所の定義──生活の本拠

　住所というと、あまり法律とは関係ないように思えますが、実は結構いろいろなところで問題になります。

　国政選挙のとき、自分の好きな選挙区を選んで投票することはできないですよね。これは、住所がその人の投票すべき選挙区を決める基準とされているからです。

　これは公法上において住所が問題となる場合です。私法分野においてはどのような場合に住所が問題となるでしょうか。

　1つの例として、金地金の売買契約を結んだが、受け渡しや代金支払いの場所を決めなかった場合、**売主は買主の住所まで金地金を届けなくてはならない**とされる契約法上の定めがあります。六法で確認してみてください。

　この場合、もし買主がいる場所が複数あった場合、売主としてはどこが本当の買主の住所なのかわかりません。すなわちどこに金地金を届けたらよいのか判断に苦しむことになりますね。

　この場合売主は、買主の「生活の本拠」がどこなのかということを手がかりとして買主の住所を判断するよう、民法は指示しています（22条）。

　「生活の本拠」とは、**人が普段そこを中心に生活を行っている場所**といってよいでしょう。

▼金地金（きんじかね）：延べ板状に加工した金。

▼第484条〔弁済の場所〕弁済をすべき場所について別段の意思表示がないときは、特定物の引渡しは債権発生の時にその物が存在した場所において、その他の弁済は債権者の現在の住所において、それぞれしなければならない。

▼第22条〔住所〕各人の生活の本拠をその者の住所とする。

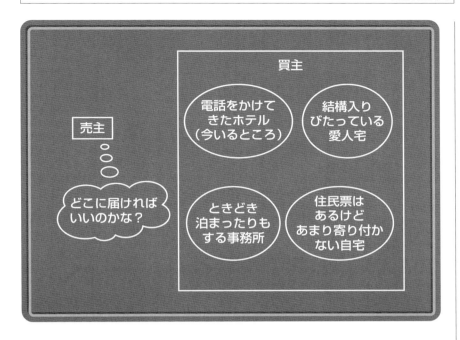

　上の事例で言えば、自宅か愛人宅のどちらかが買主の住所であるということになるでしょうが、家族としての実質が全くないようなケースは別として、少々家を空けることが多い程度なら自宅が依然として生活の本拠と考えられることが多いのではないでしょうか。

(2)居所──「住所」が不明のときの住所

　仮に上記の例で、売主がいろいろ調べたけれども、どこが買主の生活の本拠なのかわからないときは、居所が住所とみなされます（23条）。

　「居所」というのは、生活の本拠地ではないけれども、**しばらくの間そこに滞在している場所**をいいます。

　「居所」の例としては、出張先のホテルや旅行先の旅館、しばらく居候することになった友人の家などが挙げられるでしょう。

　居所についてよく問題になるケースとして、大学生の下宿先や学寮が、住所なのか居所なのかが争われることがあ

▼第23条〔居所〕①住所が知れない場合には、居所を住所とみなす。

17

ります。

一般的には、大学生の下宿先や学寮は、在学中の生活の本拠になるわけですから、居所ではなく住所と考えられています。

この場合、大学生の実家が、帰省中における「居所」ということになるでしょう。

事例に戻りますが、買主の住所はわからないが居所がわかっているときは、居所が住所と**みなされる**ので、居所を住所として扱ってもよいことになります。

▼13頁参照。

つまり、金地金の買主の「生活の本拠」は不明だが、とにかくホテルに滞在していることはわかっている場合、そのホテルに金地金を届ければよいのです。

> 住所＝生活の本拠　自宅、下宿先、単身赴任先など
> 居所＝一時的滞在地　出張先、旅行先など

6……不在者

住居所を去って当分戻る見込みがない者を不在者といいます。

仮にみなさんが、財産を住居所に残したままいなくなってしまうと、残された家族にはいろいろ困ることがあります。次のページの黒板の母親のグチを見てください。

家族ばかりでなく、みなさん自身にも不利益が生じることもあります。たとえば、通帳と印鑑を置いていなくなった場合、そのまま放置しておけば、銀行預金はいずれ時効により消滅してしまいます。

しかし当分戻りそうもないからといって、たとえ家族といえども本人でない者が、**勝手にその人の権利を行使したり、財産を処分したりすることは許されません。**

▼夫婦の場合はやや事情が異なりますが、法律的には、親子だからといって勝手なことはできません。

2……契約の主体(人)

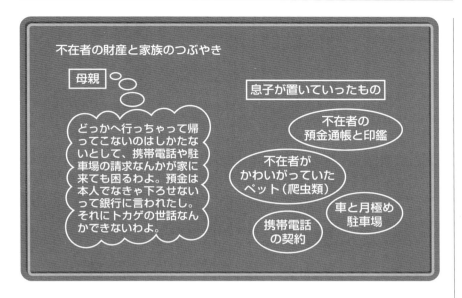

▼第25条〔不在者の財産の管理〕①従来の住所又は居所を去った者（以下「不在者」という。）がその財産の管理人（以下この節において単に「管理人」という。）を置かなかったときは、家庭裁判所は、利害関係人又は検察官の請求により、その財産の管理について必要な処分を命ずることができる。本人の不在中に管理人の権限が消滅したときも、同様とする。

　このような場合、**不在者の財産を管理したり処分したりする許可を家庭裁判所に求める**ことになります。次のような内容の申立書を作成して、家庭裁判所に提出します。

　　　　　　　財産管理人選任申立書
［当事者の表示］
申立人住所氏名　○○○○
不在者の氏名と最後の住所　○○○○
［申立の趣旨］
不在者の財産管理人を選任するとの審判を求める。
［申立ての理由］
①申立人は不在者の母である。
②不在者は2002年1月1日以降、しばらく放浪してくると言ったきり、音信不通となっている。
③不在者の主な財産は、別紙目録記載のとおりであるが、自動車、ペットなどが主なものである。
④被害者の放置した財産や契約の維持管理は、現在家族の大きな負担となっており、不在者の財産や契約

19

第1編■総則

　の速やかな処分または解除を必要に迫られている。
　⑤よって不在者の財産管理人を選任することを求め
　　る。

　○○家庭裁判所　御中

　　パソコンで自分で作ってももちろん構いませんが、家庭
裁判所には記入式の申立書式がいろいろそろっているの
で、それを使う人が多いようですね。
　　申立てを受けた家庭裁判所は、通常家族の中から適当な
者を、財産管理人として選任します。これは、不在者の事
情をよく知らない人を選任しても適切な財産管理を行えな
いという事情が考慮されているようです。
　　選任された財産管理人は、ペットを売却したり、不在者
の預金が時効にかかることを防ぐなど、財産管理に必要な
行為をすることができます。
　　なお、あまりないことですが、不在者自身がいなくなる
ときに、自分の財産の法的な管理を誰かにしっかりと託し
たのであれば、わざわざ財産管理人の選任をするまでもあ
りませんし、家庭裁判所への選任請求も認められません。

▼現実の不在者の財産管理
人選任の申立ては、遺産分
割協議に共同相続人である
不在者を加える目的で行わ
れる場合が多いといわれて
います。遺産分割協議の成
立には、共同相続人全員の
合意が不可欠だからです。

不在者：住居所を去って、当分戻る見込みがない者。
不在者の財産：不在者が住居所に残していった、金銭、物、
　　　　　　　権利
財産管理人：不在者の財産の管理や処分を裁判所から任さ
　　　　　　れたもの

7……失踪宣告

　人が死ぬと発生する大きな出来事に、相続があります。

　江戸時代の大名のように、生きている間に隠居して嫡男に家督相続させるなんて制度はもはやありませんから、現在では、死亡以外に相続が発生することはありません。

　また相続は、財産のある人だけに発生するのではなく、すべての自然人に同じように発生する出来事です。したがってある人が死亡した、またはある人の死亡が確認されたという事実は、法律上常に大きな意味を持っています。

　ところが、人間の死は常に家族が見ているときに訪れるわけではないので、ある人の死亡を認定するのが簡単ではない場合もあります。

　たとえば、家族のそばから姿を消し長期間行方不明になった場合、家族にとっては、行方不明者が生きているのか死亡したのかは、いつまでたってもわかりません。

　このような場合に、死亡したことがはっきりと証明されない限り行方不明者を生存しているものとして扱え、というのでは、その者について相続が生じることは永遠になくなってしまいます。

　そこで、**生死不明の状態にケリをつけるための制度として、失踪宣告**というものが存在しています。

　失踪宣告とは、死亡の事実が証明されなくとも、死亡を推測させる事実が生じたときには、死亡したものと**みなすことができる**制度です。

　前に述べた**不在者の財産管理人選任は、不在者が生存していることを前提**として、家族の不利益を解消する制度でした。

　これに対して**失踪宣告の制度は、もはや行方不明者は生きてはいないということを前提**として、家族のために相続を開始させていくのが主眼です。

▼長期の不在とか、事故に遭ってから行方不明など。

(1) **普通失踪**── 7年間の不在

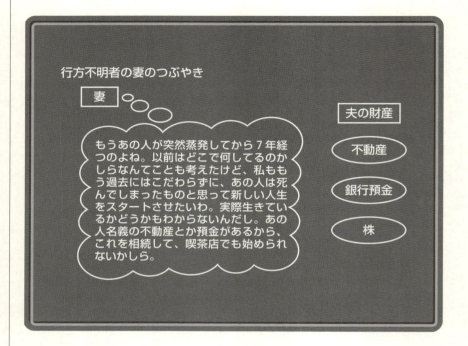

　住所・居所を去って当分戻る見込みがない者を不在者といいましたね。

　不在者の**生死不明の状態が7年間続けば**、不在者を死亡したものとみなして、その者を相続することができます（30条1項、31条前段）。

　ただしそれには家庭裁判所の宣告が必要です。これを**普通失踪宣告**といいます。

　失踪宣告の申立ての様式も、不在者の財産管理人の選任とよく似た感じです。

　裁判所が失踪を認定すれば、次のような審判がくだされます。

▼第30条〔失踪の宣告〕①不在者の生死が七年間明らかでないときは、家庭裁判所は、利害関係人の請求により、失踪の宣告をすることができる。
▼第31条〔失踪の宣告の効力〕前条第一項の規定により失踪の宣告を受けた者は同項の期間が満了した時に、同条第二項の規定により失踪の宣告を受けた者はその危難が去った時に、死亡したものとみなす。

2……契約の主体（人）

```
                    審判
 ［当事者の表示］
 申立人住所氏名 ○○○○
 不在者の氏名と最後の住所 ○○○○
 ［主文］　不在者の失踪を宣告する
       令和○○年○月○日
           ○○家庭裁判所家事部　裁判官 ○○○○
```

⑵特別失踪宣告── 危難との遭遇

　たとえば乗っていた船が沈没して生死が不明の場合は、死亡した可能性はかなり高いといわざるを得ません。

　このような場合は、失踪宣告までの期間が**大幅に短縮**されます。

　すなわち、重大な事故や戦争が終わったときから１年間生死不明の状態が続けば、裁判所に失踪宣告を申し立てることができます。これを**特別失踪宣告**といいます（30条2項、31条後段）。

▼第30条〔失踪の宣告〕②戦地に臨んだ者、沈没した船舶の中に在った者その他死亡の原因となるべき危難に遭遇した者の生死が、それぞれ、戦争が止んだ後、船舶が沈没した後又はその他の危難が去った後一年間明らかでないときも、前項と同様とする。

```
普通失踪：７年間所在不明
特別失踪：戦争や重大な事故から
        １年間所在不明
```

⑶失踪宣告の効果

　失踪宣告が行われると、不在者など宣告を受けた者は死亡したとみなされることは既に述べました。

　そして、**相続が開始**すること（882条）が、失踪宣告のもっとも大きな効果だということも既に述べました。

▼相続は、自然人の死亡により開始します。

　さらに、失踪者の婚姻も消滅します。ただし、３年間行方不明の事実があれば失踪宣告と関係なく離婚ができるので、すでに婚姻が解消されている場合も少なくはないでし

23

ょう（770条1項3号）。

以上については、ひとつ注意していただきたい点があります。

それは、失踪宣告は、**現に生きている者の権利能力をはく奪する制度ではない**ということです。

つまり、失踪宣告を受けた者が別の地で生きていた場合、その者が失踪宣告により権利能力を失って、売買契約や雇用契約などの法律行為を行うことができなくなってしまうわけではないのです。

失踪宣告は、**現に生きている自然人の権利能力には一切関係がない**ということをよく理解してください。

司法試験の短答試験でも、以前はこの問題がよく出題されていました。

重要なのは、失踪宣告の制度は、行方不明者本人ではなく、もっぱらその**家族の法律関係を安定させることが目的**だということです。

▼第770条〔裁判上の離婚〕①夫婦の一方は、次に掲げる場合に限り、離婚の訴えを提起することができる。三　配偶者の生死が三年以上明らかでないとき。

▼失踪宣告前に離婚してしまえば、失踪宣告によって財産を相続することはできません。

▼自然人が権利能力を失うのは、唯一、現実の死亡の場合だけです。

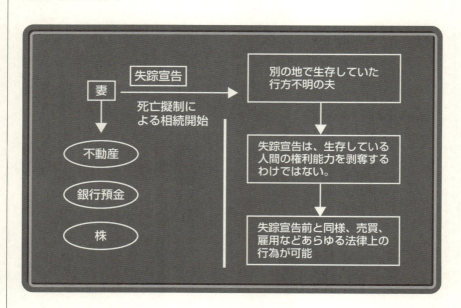

(4) 失踪宣告の取消し

　7年以上行方不明で家族も死んだものとあきらめ、失踪宣告によって財産も相続により分配され、婚姻も解消されてしまった者が、10年後に行方不明者がひょっこり姿を現すことも、ありえないことではありません。

　生死不明の状態のときに、強引に死んだことにしてしまうのが失踪宣告の制度ですから、**生きていたことがはっきりすれば、失踪宣告は取り消されなければなりません**（32条1項本文）。

　失踪宣告を取り消すのも、やはり家庭裁判所です。行方不明だった本人が失踪宣告取消しの申立てができることはもちろんです。

(5) 失踪宣告取消しの効果

　失踪宣告が取り消されると、最初から失踪宣告自体がなかったことになります。

▼第32条〔失踪の宣告の取消し〕①失踪者が生存すること又は前条に規定する時と異なる時に死亡したことの証明があったときは、家庭裁判所は、本人又は利害関係人の請求により、失踪の宣告を取り消さなければならない。この場合において、その取消しは、失踪の宣告後その取消し前に善意でした行為の効力に影響を及ぼさない。

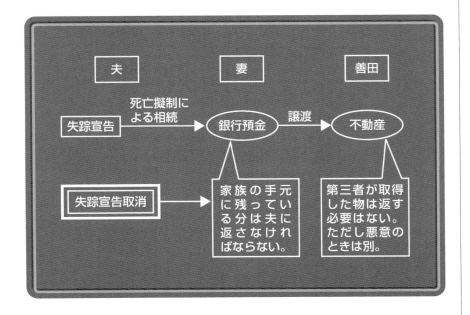

したがって相続はなかったことになり、相続人はいったん分配してもらった財産を、失踪者に返さなければなりません。

しかし、事例における妻のように、相続した財産を既に使ってしまった場合もあるでしょう。というか、たいてい誰でも使いますよね。

その場合には、**現に自分の手元に残っている財産だけを返せばよいのです。**（32条2項）。

また、前ページの図の善田さんのように、**相続人から財産を譲り受けた第三者は、失踪宣告が取り消されても財産を返却する必要はありません**（32条1項後段）。

もっとも妻にしても善田さんにしても、**夫が生きていることを知りながら、失踪宣告を申し立てたり、財産を譲り受けたりした場合には、すべてを失踪者に返還しなければなりません**。

こういう悪気がある者を保護しないというのは、おおむね日本の民法に共通した考え方だといえます。

次は婚姻について考えてみましょう。

▼第32条〔失踪の宣告の取消し〕②失踪の宣告によって財産を得た者は、その取消しによって権利を失う。ただし、現に利益を受けている限度においてのみ、その財産を返還する義務を負う。

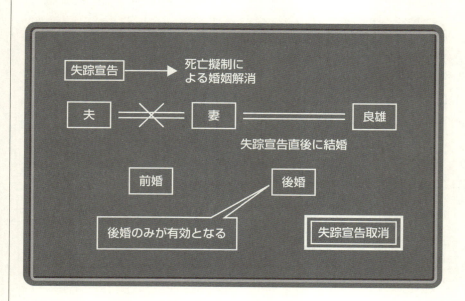

2……契約の主体（人）

　失踪宣告によっていったん解消された婚姻＝前婚も、失踪宣告の取消しがあれば復活します。これが原則ですね。

　しかし、**失踪宣告後に再婚＝後婚していた場合には、もはや前婚は復活しません。**

　せっかく再婚して良雄さんと幸せにやっているのに、わざわざ前婚を復活させる必要はないだろうというわけです。

　これは32条1項後段の問題というよりは、婚姻のような**家族法上の行為においては、現在の当事者の意思を何より重視しようと考えられている**ことによります。

　ですから、仮に妻が、良雄さんとの結婚当時に夫の生存を知っていた場合でも、後婚は有効だと考えるのが合理的なようです。

　婚姻のような家族法上の問題においては、財産法上の問題とは別の考慮が必要になるという例の1つです。

27

第1編■総則

法人

★★

3

1……法人の意義

　自然人に引き続き、もう一つの権利や契約の主体である法人について説明をしていきましょう。

　ただし、法人を説明することは、自然人とくらべた場合に、どうしても複雑で抽象的な議論になります。

　したがって、わからない部分にこだわらずに、まずはどんどん進んでください。民法をざっとひととおり見渡した後に、もう一度法人のところを読み直すと、だいぶわかりがよいと思います。

　さて法人とは、**法律によって、組織が人と同じに扱われる**ことをいいます。

　人と同じに扱われるとは、組織が自然人と同じように、**組織の名前を使って取引を行ったり、構成員とは独立した別個の権利能力の主体として認められる**ことをいいます。

　組織を法人にすることによって、権利義務を一元管理することができ、法律関係が明確でわかりやすくなるという、大きなメリットがあります。

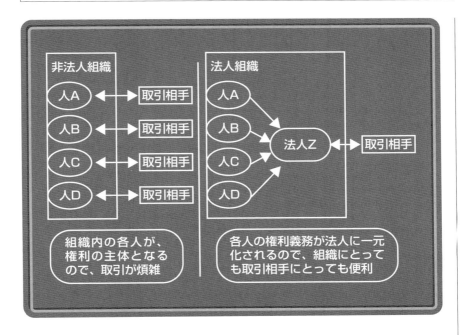

　このような便利な扱いがなされるためには、**必ず法律上の根拠が必要**です。
　たとえば株式会社は、**会社法**が企業という組織を人として扱うことにしたものです。
　また、大きな病院にはよく「医療法人○○会」という名称がつけられています。これは**医療法**という法律に根拠をもつ法人です。
　あるいは、「○○財団法人」という名称がつけられた、奨学金や援助金などを扱う組織があります。これは**「一般社団法人及び一般財団法人に関する法律」**や**「公益社団法人及び公益財団法人の認定等に関する法律」**が、特定の基金を中心とした組織を、人として扱うことにしたものです。

第1編■総則

> 法人の例
> ・○○株式会社
> ・医療法人○○会
> ・財団法人○○奨学基金

　ある組織が法人であることを、**法人格がある**、という別の言い方で表現することもあります。

2……社団と財団

　ところでこうしてみると、組織というのは、**人**と**財産**、この二つの要素によって成り立っていることがわかります。
　通常の組織は、この人と財産のどちらかを中核に据え、他方を補助的な要素としています。
　人の集まり＝団体であることを本質とする組織を**社団**といい、法人格を与えられた社団を**社団法人**といいます。財産を中核とする組織を**財団**といい、財団に法人格が与えられると、**財団法人**となります。
　社団法人と財団法人とで、どちらの権利能力の方が高い、といったような違いはありません。後で述べる設立手続などに若干の違いがあるだけです。ここではとりあえず用語としてのみ覚えておくことにしましょう。

> 社団　人の集まりを本質とする組織。＝団体
> 財団　財産を本質とする組織。
> 社団法人　社団に法人格が与えられたもの
> 財団法人　財団に法人格が与えられたもの

3……法人の設立

　いくら立派な組織でも、法人となることを法が認めない間は、権利能力も独立した取引主体性も認められません。

　自然人が「出生」によって権利能力を取得するように、**法人は「設立」によって、権利能力を取得します。**

　そして、組織がいったん法人となれば、その組織が存続する限り権利主体性が認められます。

　他方必要がなくなれば、法人であることをやめることもできます。これを**法人の解散**といいます。法人の解散は、自然人の死亡に相当するといえます。

```
自然人　出生で権利能力取得、死亡で権利能力喪失
法人　　設立で権利能力取得、解散で権利能力喪失
```

　法律が定める法人の設立手続は図のような流れです。

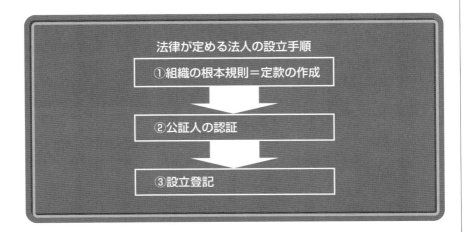

定款とは、その組織の名称や活動目的が記載された書面で、要するにその法人の憲法です。

参考に、日本の代表的な法人である**日本銀行の定款**のさわりを見てみましょう。その体裁や内容は、まさに法人の根本法規というにふさわしいものです。

日本銀行定款

第一章　総則

（名称）
第一条　当銀行は、日本銀行法（平成九年法律第八十
　　　九号。以下「法」という。）の規定に基づく法人で
　　　あり、日本銀行と称する。
（目的）
第二条　当銀行は、我が国の中央銀行として、銀行券
　　　を発行するとともに、通貨及び金融の調節を行うこ
　　　とを目的とする。
2　当銀行は、前項に規定するもののほか、銀行その
　　　他の金融機関の間で行われる資金決済の円滑の確保
　　　を図り、もって信用秩序の維持に資することを目的
　　　とする。
　　　…（以下略）

なお**設立登記**とは、**法人の出生届**のようなものです。法人の成立を外部に知らせる手段として、登記が必要とされています。

以上が、法人設立の手続の流れです。（これらは以前は民法に定められていましたが、現在では「一般社団法人及び一般財団法人に関する法律」という特別法で規定されています。）

4……公益法人と営利法人

ところで、今日、法人としてもっとも数が多くて重要な存在は、なんといっても株式会社です。

株式会社のように、取引や投機で**利益をあげることを活動目的**とする法人を、**営利法人**といいます。

これに対して、教育、学術、宗教など**公の利益に何らかの関わりのある事柄を活動目的**とする法人を**公益法人**といいます。民法は法人の成立と権利能力に関する一般原則のみを定めており（33条以下）、設立その他詳細については営利法人は商法・会社法の適用を受け、営利を目的としない法人は「**一般社団法人及び一般財団法人に関する法律**」（一般社団・財団法人法）の適用を受け、そのうち公益を目的とする法人は「**公益社団法人及び公益財団法人の認定等に関する法律**」（公益法人認定法）にもとづく公益認定を受けると公益社団法人の名称使用が認められます。

5……法人の機関

たとえば、社団法人巨人協会という法人が、松井さんという従業員を雇い入れる場合を考えてみます。

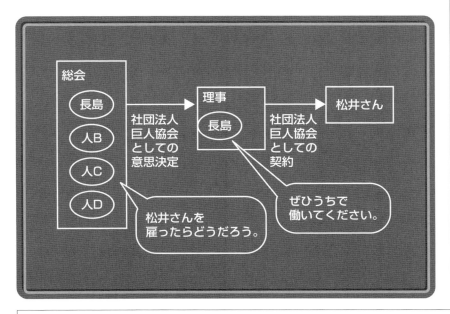

第1編■総則

　まず、社員総会という会議で松井さんを雇おうという決定がなされ、その決定にもとづき、長島理事という巨人協会を対外的に代表する人物が、実際に松井さんと雇い入れ交渉を行うことになります。

　このように、社団法人の意思決定とその実行は、**社員総会**とよばれる**意思決定機関**と、**理事**とよばれる**執行機関**によって分担されています。

　執行機関は、法人の手足ともいうべき存在の、もっとも重要な機関です。この機関がなければ法人は何もできません。民法では理事といいますが、会社法では、会社の執行機関を**取締役**や**執行役**とよんでいるのは、みなさんご存知かと思います。

　一方議決機関は、法人の意思を決する頭脳にあたる存在です。社員総会や**株主総会**がその例です。

　しかし、あらゆる事項をいちいち全員に意見を聞いていたのでは、日常の業務が回りませんね。

　そこで議決機関は、**法人運営の重要な決定のみを行い、日常の業務は執行機関が自ら決定**し、執り行うのが通常です。執行機関がもっとも重要な機関だといったのは、そういう意味です。

　その他にも**監事**という機関などもあります。

　これらのルールも、以前は民法で定めていたのですが、現在では「一般社団法人及び一般財団法人に関する法律」に規定が移されていますので、ごくごく基本的なことだけ説明しました。

---

①意思決定機関：
　法人が何を行うかを決定する機関。
②執行機関：
　意思決定機関が決定したことを実際に執り行う。日常的な事項については意思決定も行う。

6……法人の能力

⑴権利能力

法人は、売買、雇用などの取引を自然人と同じように行うことができます。その結果財産法上の権利を、自然人と同じように取得することができます。そのために法人という制度が考えられたのですから、当然のことですね。

一方結婚や相続などの**家族法上の行為を法人について考える余地はない**ということについても、疑問をもたれる方はいないでしょう。

民法の条文上は、**定款の目的によって法人の権利能力は制限されます**（34条）。先に掲げた日本銀行の定款の第2条を見てください。

仮に日本銀行が雑誌や新聞の発行や販売など、定款の目的とは全く性質が違う事業を始めたとしたら、その事業によって生じた権利義務は法人に帰属するのかという非常に難しい問題があります。

今日は、論点の指摘だけに留めておきます。34条の条文の存在だけは覚えておいてください。

⑵不法行為能力

法人の施設が汚水を垂れ流して養殖魚介類に損害を与えれば、それは法人自体の責任となり、与えた損害を賠償しなければなりません（一般社団法人及び一般財団法人に関する法律78条・197条）。

これを、**法人には不法行為を行う能力がある**という言い方をします。

法人の不法行為となる場合。理事なども法人と共に賠償責任を負う場合があります。法人の意思決定や現実の執行を行う以上、法人の機関にはそれなりの責任が課せられているのです。

▼第34条〔法人の能力〕法人は、法令の規定に従い、定款その他の基本約款で定められた目的の範囲内において、権利を有し、義務を負う。

第1編■総則

> 権利能力：原則として自然人と同じ権利能力がある。しか
> し、家族法上の権利義務など、性質上考える余
> 地のないものがある。
> 不法行為能力：法人の活動で他人に損害を与えた場合、法
> 人自身が損害賠償責任を負う。

7……権利能力なき社団

　自然人の場合、出生前の胎児は、権利能力はないとされ
ながらも、例外的に、損害賠償や相続など部分的には権利
能力が認められていました。

　同じように、たとえばまだ設立の手続きをしていないた
めに、正式な法人にはなっていないけれども、**法人に近い
取扱いを受ける団体**が存在します。これを権利能力なき社
団といいます。

　これらの団体の特徴はなんでしょう。まず、**会員の入退
会にかかわりなく団体が継続して存在**していること。それ
から、**総会や代表者などの機関を備えている**ことがあげら
れます。**団体としての実体**を備えているという言い方をよ
くします。

　これと比べたら、誰かが抜けたら会自体が消滅してしま
うようなグループは、団体としての実体を備えていないと
いえます。

　さて、胎児には相続や遺贈について権利能力が認められ
ましたが、権利能力なき社団には、どのような**法人に準じ
た扱い**がなされるのでしょうか。

　次のページの黒板に書きます。

36

①権利能力なき社団は、会員個人の財産とは区別された財産を持つことができる。
②権利能力なき社団の借金＝債務と、会員個人の借金とは区別される。会員個人は団体の債務について責任を負わない。

　一方、権利能力なき社団は、法人でない以上、団体名義、会名義での**登記はできません**。

　したがって、会としての財産があっても、その登記は会員の誰かの個人名義でするほかはないことになります。

　権利能力なき社団の扱いが、法人に**準じている**というのは、このような登記能力までは有していないこと等を意味しています。

	法人としての設立	団体の継続性	意思決定や業務執行	団体としての財産取得	構成員の債務	団体名義での登記
法人	した	強い	機関	可	団体とは区別	可能
権利能力なき社団	可能だがしていない	強い	機関	可	団体とは区別	不可能
権利能力なき社団として認められないグループ	不可能	弱い	個人	不可	区別されていない	不可能

　権利能力なき社団の問題は、広大な民法の領域のなかでも、トップクラスの難問といってもよいです。現時点であまり理解できなくても気にせずに、どんどん先に進むことにしましょう。

権利の客体（物）

1……物とは

これまでは「人」という概念について、学習してきました。

さて、民法の法律関係は、次に挙げる3つのいずれかの関係に還元できるといっていいでしょう。すなわち、

①人と人
②物と物
③人と物

たとえば、**婚姻**、**雇用**、**代理**などの関係は、①人と人との関係として捉えることができます。

これに対して、**所有権**、**売買**、**賃貸借**、**時効**などは、「人が物を売る」、「人が物に対して所有権を有している」などのように、③人の物に対する地位や働きかけとして考えればよいでしょう。

これから学習するのは、②物と物との関係、およびその前提としての「物」自体の説明です。

まず民法は、「『物』とは、有体物をいう」（85条）と簡単に定義しています。**有体物**とは**形のあるもの**という意味です。

しかし、「人」の概念と違って、物には、今までには考えもつかなかったようなものがどんどん現れてきますから、あまりこの定義にとらわれても仕方がありません。もっと具体的な「物」について考えるために、先に進みましょう。

2……不動産と動産

　不動産と動産とで民法上の扱いが変わる法律関係は、ものすごく多いです。売買しかり、賃貸借しかりです。したがって、あらかじめ何が不動産で、どんな物が動産なのかをしっかり定義しておくことは非常に重要です。

　法律の素人に「不動産と動産の違いは何か」とたずねると、たいてい、「動かせない物が不動産で、動かせる物が動産」という答えが返ってきます。間違いではありませんが、法律上の定義としてはやや不十分です。

⑴不動産

　まず**土地**が不動産であることは、あらためて言うまでもない、数学の公理のような大前提です。

　民法はそのうえで、「**土地の定着物**」も不動産とするとしました。（86条）。

「土地の定着物」とは、**土地に半永続的に密着固定した物**をいいます。

　建物（家屋）、鉄塔、石垣、池、橋、立ち木は、すべて「土地の定着物」であり、不動産です。

　ただしこれらの不動産が、**土地と独立して取引することができるかどうかは別問題**です。

　たとえば他人の土地に立っている鉄塔が、広告スペースにちょうどいいと考えたとき、地主に頼んで鉄塔に看板を掲げさせてもらうことはできても、**鉄塔だけを立ったままで売ってくれということはできない**と考えられています。

　橋、池、石垣など、土地の定着物としての不動産は、原則として、土地と一体の物として、**常に土地と共に取引される**ことになります。かつては司法試験の短答試験で、こういう問題がよく出題されました。

▼あくまで、広告掲示を目的として契約として可能という意味です。

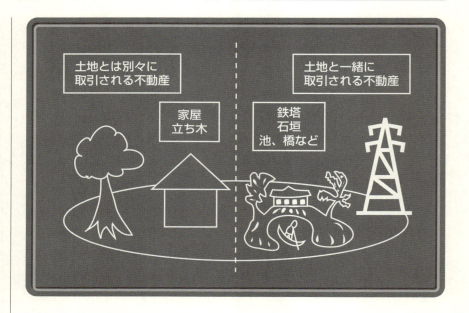

ただし、大きな例外が2つあります。

第1は、**家屋は常に土地とは別個の不動産とされる**ことです。

土地と別個に家屋だけを売ったり買ったりすることは、われわれにはそれほど違和感がないですが、実は意外にも日本独特の習慣で、極めて重要なポイントです。

これも以前は、司法試験の短答式でよく出題されました。

第2は、立ち木は土地に生えたままの状態で、土地とは別個に売ったり買ったりすることが可能です。**立木法（りゅうぼくほう）** という法律が、地面の生えたままの状態で売買することを認めているからです。

不動産については**登記**という制度があることを覚えてください。とくに土地については、境界ごとに登記がなされた区画を**一筆、二筆**（いっぴつ、にひつ）という単位でよび、この単位を対象に取引が行われます。

(2)**動産**

不動産以外の有体物はすべて動産です（86条2項）。

ただし、紙幣や貨幣すなわち**金銭だけは、動産でも不動産でもない**、抽象的な価値そのものです。

⑶有体物以外のもの

有体物ではないので、「物」とはいえませんが、不動産、動産と並ぶべき取引の客体として、「権利」があります。

たとえば、著作権や特許権といった知的財産権が取引の対象とされているのはご存知でしょう。

民法では、「不動産」「動産」「権利」を並列的に、比較させながら取り扱う場合が多いので、この3種類はワンセットで覚えておいてください。

①不動産
②動産
③権利

また、商品券や乗車券などは、商品と交換する権利、運送してもらう権利を表したもので、形はありますが動産ではありません。これらは無記名証券とよばれ、有価証券に関する規定が適用されます。映画やコンサートのチケットも無記名証券です。

3……主物と従物

刀とそのさや、家屋と畳・建具のように、メインとして使用される物とその付属品という関係がある物を、主物と従物といいます。もちろん、刀や家屋がメインたる主物で、さやや畳・建具がその従物です。

民法は主物と従物についてどういう定義をしているでしょうか？

「その物の常用に供するため…附属させた物」（87条1項）という表現をしています。最初の「その物」が主物で、

41

第1編■総則

「附属させた物」が従物です。

> 主物：①刀、　②家屋、　　③店舗
> 従物：①さや、②畳・建具、③什器・備品

　主物と従物の概念が定まったところで、なぜこういう概念が必要なのか考えてみましょう。

　それは、刀を売るといえば通常はさやも含めて売るということ、あるいは、家屋を譲渡すれば、普通は畳やふすまも一緒に買主に引き渡されること、こういう一見当たり前のことを、法律的に説明しているのが主物と従物という概念です。

▼第87条〔主物及び従物〕②従物は、主物の処分に従う。

4……果実と元物

　果実には天然果実と法定果実とがあります。

　果実とは何か、元物（げんぶつ）とは何かという定義を覚えるよりは、天然果実、法定果実とされるものにはどんなものがあるかということを知る方が、ずっと重要です。

⑴天然果実

　田畑からとれる**作物**や、鉱山から産出される**鉱物**のように、元物から産出される分離可能な別の価値物を、天然果実といいます（88条1項）。

　田畑や**鉱山**のような、天然果実を産出する元になる物を**元物**といいます。

⑵法定果実

　土地の賃料のように、元物を使用させた対価として受け取る金銭を、法定果実といいます（88条2項）。**金銭貸借**の利息も、やはり法定果実です。

　土地や**貸金債権**が、法定果実を生む元物です。

> 元物：①田畑、②鉱山、③羊、④不動産、⑤貸金
> 果実：①作物、②鉱物、③羊毛、④賃料、⑤利息
> 　　　①〜③は天然果実、④⑤は法定果実

(3) 果実収取権

　果実をめぐる法律上の争いは、元物に関する権利が移転した場合におこります。

　個人農園を賃借して野菜を育てていた者が、あと数日で収穫だというときに、賃料未払いで賃貸借が終了して所有者に畑を返さなければならなくなったとしましょう。

　この場合、未収穫の作物を収穫する権利は、賃借人と畑の所有者のどちらが取得することになるでしょうか。

　天然果実を取得する権利がある者は、現実の収穫や採掘などが行われるときに、元物について正当な権利を持っている者です（89条1項）。

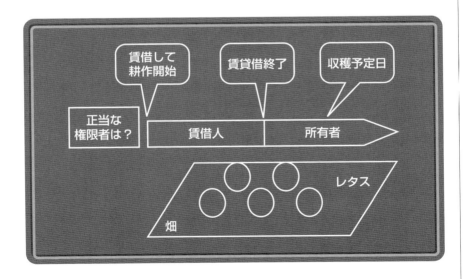

第1編■総則

　畑の賃貸借の終了によって、元賃借人は畑について正当
な権利はなくなりますので、天然果実である野菜を収穫す
る権利もなくなることになります。
　したがって、すでに権利を失った元賃借人は「おれが育
てたものだから収穫させろ」とはいえないのです。

　一方、利息などの法定果実については、日割りにより計
算することになっています（89条2項）。
　賃貸に出している建物が月半ばで譲渡された場合、月初
に家賃を受け取り済みの旧所有者は、譲渡日以降の家賃に
相当する額を、新所有者に渡さなければなりません。

> 果実収取権
> 天然果実：収取のときに、元物について正当な権利ある者
> 法定果実：元物についての権利の期間に応じた日割り計算

契約の成立

5

★

1……契約とは

　民法の中心ともいえる概念が契約です。「民法がわかる
ということは、契約とは何かがわかることだ」と言っても、
言い過ぎではないでしょう。
　したがって簡単には理解できないのが契約ですが、それ
でもあえて一口で言うならば、**自分の意思で決めた約束に
自分自身が法的に拘束される**ということです。

> 契約とは：自分の意思で決めた約束に、拘束されること
> 契約の成立：相対する者の意思表示内容の合致（522条1項）

例をあげましょう。下の図を見てください。

長島さんは200万円で自分の自動車を売りたいと思っていました。たまたま松井さんが自動車を購入する予定だと聞いたので、さっそく松井さんに連絡をとりました。

最初は長島さんの希望売却額と、松井さんの予算とに開きがあり、なかなか合意が成立しませんでしたが、交渉の結果最終的に、150万円という価格で売買することで、**双方の意思が一致**しました。

このように、**相対する者が互いに意思表示をし合って、それが合致すること**が、契約（の成立）です。ある意味あたりまえのことのようですが、この定義は非常に重要ですので、よく覚えてください。

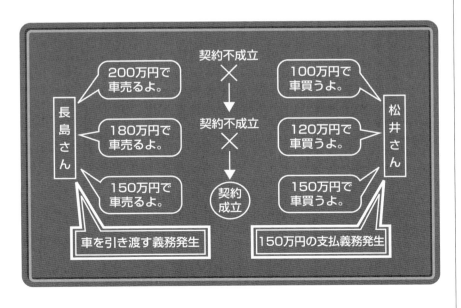

2……双務契約と片務契約

　契約が成立すれば、契約当事者はお互いに、自分が行った意思表示の内容に拘束されます。

　今の例でいえば、長島さんには、松井さんに自動車を引き渡す法的義務が発生しますし、松井さんには、長島さんに150万円を支払う法的義務が発生します。

　このように、お互いが義務を負い合うのが、契約の重要な特徴といえます。これを**契約の双務性**、あるいは**双務契約（そうむけいやく）**といいます。

　例外的に双務契約ではない契約もあります。例えば、長島さんが松井さんに車をあげることを提案し、松井さんがこれを承諾した場合です。

　この場合の松井さんは、車をもらうだけの立場で、何の法的義務も負いません。

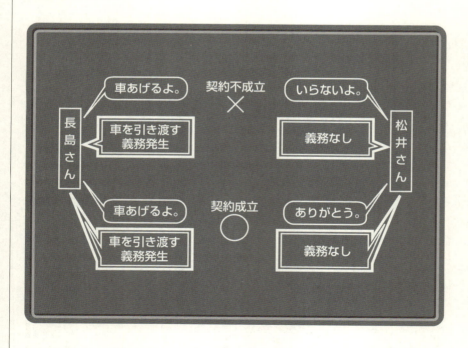

しかし、松井さんには、長島さんの申し入れを断る余地もあったわけです。そうせずに、長島さんの申し入れを受け入れたということは、やはり相対する意思の合致があるといえます。したがってこれもやはり、一つの契約が成立したことには違いありません。

このような、当時者の一方だけに、義務が生じる契約を**片務契約（へんむけいやく）**といいます。事例は典型的な片務契約とされる、贈与契約の例です。

▼消費貸借の貸主は、契約締結に際して金銭を支出しますが、契約成立後の債務は負担しません。消費貸借は有償であるけれども双務性がない契約です。

> 双務契約：契約当事者双方が
> 　　　　　義務を負い合う契約。
> 　　　　　売買、請負など、
> 　　　　　多くの契約は双務契約。
> 片務契約：契約の一方当事者のみが
> 　　　　　義務を負う契約。
> 　　　　　贈与、消費貸借

3……典型契約と非典型契約

人が契約に拘束されるのは、**自分を義務付けるような取り決めを、自分自身の意思で行ったから**だということは、既に述べました。重要なことなのであえてくり返します。

このことを別の言い方をすれば、**自分がどのような私法上の義務を負うのかは、自分自身の意思で決定することができる**ということです。よろしいでしょうか。

つまり、いつ誰と、どのような内容の契約を交わすかについては、その者の自由に委ねられています。これは**契約自由の原則**でしたね（521条）。

民法には、13種類の**典型契約**（贈与、売買、賃貸借、請負など）が定められていることは前に述べました。しかし契約はこの13種類に限られるわけではありません。

契約自由の原則によって、この13種類の以外の名前が

第1編■総則

ついた契約も有効ですし、その具体的内容も当事者が自由
に決めることができます。そのような、典型契約として掲
げられた13種類以外のタイプの契約を、**非典型契約**とい
います。

典型契約：民法3編2章の13種類の契約の類型。
①売買 ②買戻 ③交換 ④消費貸借 ⑤使用貸借
⑥賃貸借 ⑦雇用 ⑧請負 ⑨委任 ⑩寄託 ⑪組合
⑫終身定期金 ⑬和解
非典型契約：それ以外の契約

　たとえば、タレントがプロダクションから仕事をあっせ
んしてもらう代わりに、テレビ局などから受け取る出演料
をプロダクションと分けあうことを決めた契約を考えてみ
てください。これなどは、名前は何契約というのかはとも
かく、内容は明らかに非典型契約といえるでしょう。

　雇用契約でも、請負契約でも、組合契約でもなく、結局
13種類のどの類型にも、ぴったり該当するものがないか
らです。

　非典型契約では、争いがおきた場合の指針となる民法の
条文がないので、双方の合意内容を確定していくことが、
非常に重要になります。

　たとえば、上記プロダクション契約の例で、契約が終了
するのはいつなのでしょうか。

　雇用契約でも委任契約でもありませんから、民法の規定
からは決めることはできません。

　結局、契約当時、どのような内容の契約をするつもりだ
ったのかということを、**契約書の記載や状況の推測から合
理的に判断**していくという作業が必要となります。

　このような作業を、**意思表示の解釈**とか**契約の解釈**とい
います。

▼「専属マネジメント契
約」、「専属実演家契約」な
どといわれます。

48

> 契約をめぐって争いが起きたり不明な事項があるとき
> 典型契約：民法の、その契約に関する条文を適用して解決
> 　　　　するのが原則。
> 非典型契約：意思表示の解釈が重要になる。

4……契約方式の自由（522条2項）

　契約書という言葉が出ましたが、契約が成立するのに、原則として契約書は必要ありません。**どのようなやり方で契約を結ぶかも当事者の自由**に任されているからです（ただし保証契約は書面が必要です）。

　したがって、長島さんが松井さんに車を売る事例では、とくに契約書を作成しなかったとしても、契約としての効力に何ら変わりはありません。

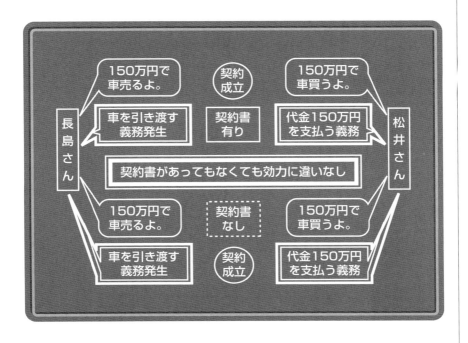

では何のために契約書が作られるのでしょうか。それは、契約の成立と内容についての**証拠を残しておくため**です。

松井さんが自動車を受け取ったあとで、「あれはただでくれるはずだったじゃないか」と言い出して代金を支払ってくれないときに、長島さんが「いやこれは売買だよ、君も承知してたじゃないか」、と示すために契約書が作成されます。

意思とか**契約それ自体は目に見えるものではないので**契約の成立や内容を形に残しておくことが重要になるのです。

もう一度原則に戻りましょう。保証契約を除けば契約の成立に、契約書は必要ではありません。口頭での合意でもOKです。

いや、実は**口頭でなされることすら必要ではありません。暗黙の了解**などといいますよね。沈黙や何もしないこと自体が、「黙っているのならOKだな」などと解釈されるなら、それが内心の表れと判断されることもあります。

私たちがスーパーで物を買うときに、レジでいちいち「これを買います」「わかりました売りましょう」などと言わないことの方が多いですよね。それでもきちんと売買が成立するのは、双方が、お互いの買う意思と売る意思を暗黙に理解しあっているからです。

電車に乗るのも、帰りに居酒屋で一杯やるのも、法的にみればすべて契約の成立という側面が含まれています。

子どもを1、2時間実家のお母さんに預かってもらうことも、双方の合意が前提となるわけですから、契約として考えることができます。不動産や自動車の売買だけが、契約ではないということですね。

> 契約自由の原則
> ①内容の自由：いつ誰とどのような契約をするかの自由
> ②方式の自由：契約に決まった方式はない

5……申込みと承諾による契約の成立

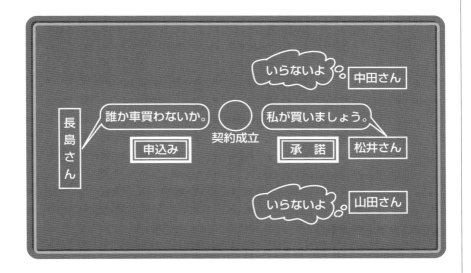

▼第522条〔契約の成立と方式〕①契約は、契約の内容を示してその締結を申し入れる意思表示に対して相手方が承諾をしたときに成立する。

　意思の合致は普通、先に思いついた方が「売らないか」かなどと持ちかけて＝**申込み**、他方がしばし考えてそれに同意すること＝**承諾**によって、**意思の合致**が成立します。

　承諾は必ず相手を特定して行いますが、申込みは不特定の者が対象となる場合もあります。インターネットのオークションに売りたい物を出品するのはその例です。

　申込み、承諾共に、暗黙になされることもあります。スーパーでの買物で黙ってレジに買物カゴを置くことは、申込みの意思表示と考えられますし、店員がこれをやはり黙って受け取れば承諾がなされたものといえます。

　なおスーパーでの売買は、商品を棚に陳列する行為が申込みで、これをカゴに入れるのが承諾だと勘違いする方も多いので、注意しましょう。

　商品の陳列は、申込みを引き出すための呼び込み、**誘引**という事実行為に過ぎず、契約の要素ではないと考えられています。

　カゴに入れる行為についても同じです。**契約による拘束**

第1編■総則

力が生じるための意思表示とは、ある程度確定したもので**なければならない**からです。

「どっちにしよう」などと迷いながら、カゴに入れたものを棚に戻したりもする段階では、まだ意思表示とは考えられないのです。

> 申込みの誘引：契約の申込みを誘う事実行為→契約の要素ではない
> 申込み：契約の成立に向けた一方当時者の意思表示
> 承諾：意思表示を合致させる相手方の意思表示→契約成立

6……契約の成立時期

契約の成立に必要な「申込み」や「承諾」の意思表示は、当事者が対面していなくても、メールや電話を通して行うことが可能です。では、契約はどの時点で成立するのでしょうか。

(1)意思表示の効力発生──到達主義

意思表示の効力は、その通知が相手方に到達した時に生じます（97条1項）。これを**到達主義**といいます。

申込みの意思表示は、その通知が相手方に到達した時に効力が生じますし、承諾の意思表示は、その通知が相手方に到達した時に効力が生じるのです。

契約は申込みに対する承諾の意思表示によって成立しますので（522条1項）、契約が成立するのは、承諾の通知が相手方に到達した時点ということになります。

▼第97条［意思表示の効力発生時期等］①意思表示は、その通知が相手方に到達した時からその効力を生ずる。

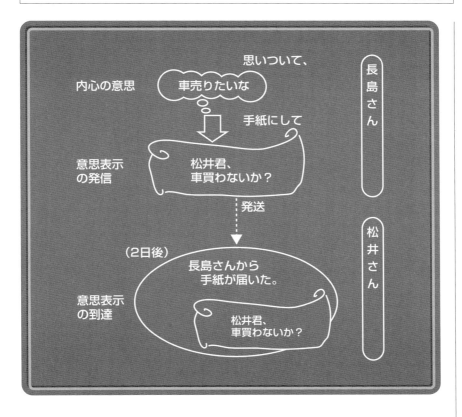

　手紙を出して意思表示をする場合などは、上の図のように、意思表示の発信から到達による効力発生まで、時間差がうまれてしまいます。

　しかし、手紙を書いて取引をするようなケースは現代では稀で、多くの場合はメールや電話が使われるでしょう。メールや電話であれば発信から到達までの時間差がゼロに近く、対面での取引とほとんど変わりません。

7……定型約款による契約

　相対する当事者の意思表示の合致があれば、契約は成立します。

　意思表示の合致というためには、当事者双方が契約の内容を認識し、よく理解している必要があります。

　しかし、ひとつひとつの契約について、いちいち内容を確認し合意をとることが現実的ではない場合もあります。代表例は、わたしたちが電車やバスに乗るときの運送取引です。

　運賃を払って目的地まで乗車するとき、事業者と乗客は旅客運送契約を結んでいることになりますが、乗客は契約内容をはっきりと認識しているわけではありません。このとき用いられるのが定型約款です。乗客は、定型約款に記された個別の条項に合意したものとみなされるのです（584条の2第1項）。

定型取引：ある特定の者が不特定多数の者を相手方として行う取引であって、その内容の全部又は一部が画一的であることがその双方にとって合理的なもの。

定型約款：定型取引において、契約の内容とすることを目的としてその特定の者により準備された条項の総体。

5……契約の成立

契約の有効性

★★★

6

1……表示と真意の不一致

　相対する当事者がそれぞれ行った意思表示が合致すれば、契約が成立します。もう何度も繰り返しましたね。

　しかし、**形式上は有効にみえる意思表示がなされても、意思表示を行った本人には、そのつもりはなかった**という場合があります。

　たとえば冗談で「宝くじがあたったら半分あげる」と言った場合に、本当に宝くじがあたったらどうなるのでしょうか？

　まずは**原則論**ですが、当事者が契約に拘束されるのは、自分自身を拘束するような意思表示を自分の意思で行ったという点にあるのですから、**そのつもりがないのであれば、契約に拘束されることもない**といえるでしょう。

　しかし相手にしてみれば、**なされた意思表示を真剣に信じた場合**に「そのつもりはなかった」といわれたら、それこそ冗談じゃないよ、ということになるでしょう。

　このような表示と真意の不一致については、民法がいろいろな規定を置いていますので、どのような取扱いがされているのか、見ていくことにしましょう。

55

2……心裡留保

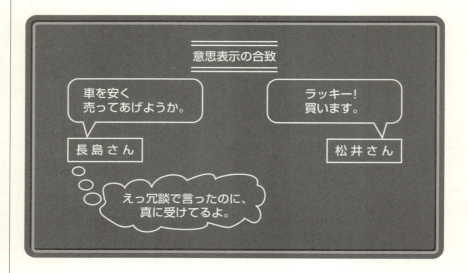

　長島さんが松井さんに冗談で「車を売ってやろう」といったら、松井さんが真に受けてしまったというような場合を心裡留保（しんりゅうほ）といいます。
　この場合は、心にもないことを言った長島さんに非があるといえますから、**表示どおりの法律効果が発生**します（93条1項本文）。
　すなわち、真にうけた松井さんが買受けを承諾すれば、売買契約が成立します。
　このように、どちらの人を勝たせるのかいう法律関係の場合は、落ち度や非がどちらに多いかという判断が背景にあることが多いのです。したがって、松井さんが、**ちょっと注意すれば冗談であることに気づいておかしくない状況**だとすれば、松井さんの非の方が大きいですから、長島さんの意思表示は無効とされます（93条1項ただし書）。
　ただし、松井さんが事情を知らない第三者に転売などをしてしまったときは、その第三者を守る必要がありますから、取引の無効を主張できません（93条2項）。

▼第93条〔心裡（り）留保〕
①意思表示は、表意者がその真意ではないことを知ってしたときであっても、そのためにその効力を妨げられない。ただし、相手方がその意思表示が表意者の真意ではないことを知り、又は知ることができたときは、その意思表示は、無効とする。

6……契約の有効性

3……虚偽表示

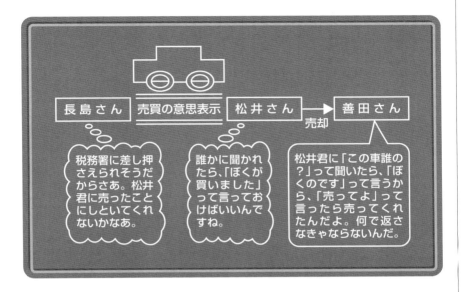

　長島さんは、税金を滞納して自分の車を差し押さえられそうになったので、松井さんと相談して税務署の目をごまかすために、松井さんへの売却を仮装（かそう）することにしました。

　このように、**意思表示と真意が異なることを、当事者双方が知っている場合**を、虚偽表示といいます。

　この場合は、どちらの者も保護するに値しませんから、**原則どおり意思表示は無効**です（民法94条1項）。したがって車の所有権者は長島さんのままです。

　虚偽表示で問題になるのは、契約当事者よりも、松井さんが長島さんに黙って、仮装売買の事情を知らない善田さんに車を売ってしまったような場合です。

　本来であれば、**松井さんに車の所有権がない以上、善田さんも松井さんから所有権を取得することはできないはず**です。

　取引というのは、前の人の権利を承継するものだからで

▼第94条〔虚偽表示〕①相手方と通じてした虚偽の意思表示は、無効とする。②前項の規定による意思表示の無効は、善意の第三者に対抗することができない。

57

第1編■総則

すね。これを**承継取得**といいます。重要ですから覚えてお
いてください。

　しかし、真実の権利者である長島さんには、仮装売買を
したという落ち度があります。従ってそのような事情を知
らず落ち度がない善田さんの方が、より強く保護されるべ
きだというのが民法の態度です（94条2項）。

　心裡留保と虚偽表示は、その効果の原則例外が逆ですの
で、比較しながら覚えた方がわかりやすいかもしれません。

▼承継取得の反対概念は原
始取得です。取引による取
得は承継取得。時効取得な
どは原始取得です。

　心裡留保：原則－有効（93条1項本文）
　　　　　　例外－無効（93条1項ただし書）相手方が悪意の
　　　　　　とき
　　　　　　例外の例外－有効（93条2項）第三者が善意の
　　　　　　とき
　虚偽表示：原則－無効（94条1項）
　　　　　　例外－有効（94条2項）第三者が善意のとき

4……錯誤

　表示と真意の食い違いでも、もっとも理解が難しいのが
錯誤の問題だといえるでしょう。錯誤を理解できれば、意
思表示の他の問題もおおむね理解できるのではないでしょ
うか。がんばっていきましょう。

(1)**表示錯誤（95条1項1号）**

　真意と異なる意思表示をしてしまったことに本人が気づ
かないことをいいます。

　たとえばカローラとベンツを持っている長島さんが、カ
ローラを松井さんに売ろうと思ったのに、なぜか間違って
「100万でベンツ買わないか？」と言ってしまい、長島さ
ん自身が言い間違いに気づかないまま、松井さんは100
万円でベンツなら安いやと思って承諾したような場合が挙

▼第95条［錯誤］①意思
表示は、次に掲げる錯誤に
基づくものであって、その
錯誤が法律行為の目的及び
取引上の社会通念に照らし
て重要なものであるとき
は、取り消すことができる。
一　意思表示に対応する意
思を欠く錯誤
二　表意者が法律行為の基
礎とした事情についてのそ
の認識が真実に反する錯誤

58

げられます。

このとき、①長島さんが錯誤に基づき意思表示をしていて、②長島さんの錯誤が取引のうえで重要なものである場合には、長島さんは意思表示を取り消すことができます（95条1項）。その結果、100万でベンツを売るという意思表示は初めから無効であったものとみなされます（121条）。

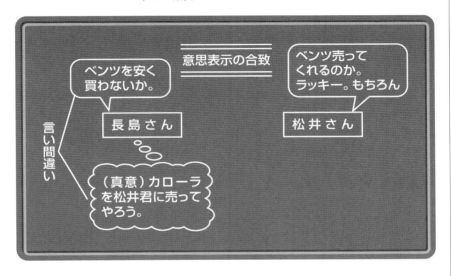

ただし、ベンツを買えると思った松井さんの利益はある程度保護する必要があります。

そこで、長島さんの言い間違いが、軽率という程度を超えて悪意や意図的に近いような事情があるときには、長島さんからは取消しを主張できないことにしました（95条3項）。ごくわずかな注意を払えば言い間違いを防ぐことができた場合も同様です。

これを「**重過失**」といいます。長島さんと同様に松井さんにも重過失がある場合や、松井さんが長島さんと同じ錯誤に陥っていた場合には、松井さんを保護する必要性が低くなりますので、取消しが可能となります。

▼第95条［錯誤］③錯誤が表意者の重大な過失によるものであった場合には、次に掲げる場合を除き、第1項の規定による意思表示の取消しをすることができない。
一　相手方が表意者に錯誤があることを知り、又は重大な過失によって知らなかったとき。
二　相手方が表意者と同一の錯誤に陥っていたとき。

(2)事実錯誤（95条1項2号）

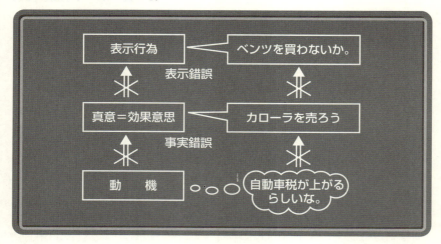

　長島さんは、自動車税が大幅に上がると聞き、カローラの方は売ってしまおうと考えました。
　そこで、松井さんに「カローラを買わないか」と申し込んで、松井さんも了承したのですが、自動車税が上がるというのは、長島さんのカン違いだったという事例を考えてみます。
　こういうカン違いが得意な人はときどきいますね。
　この場合の長島さんの真意＝効果意思は、カローラを売るということです。そして実際そのとおりの意思表示がなされています。
　ですから真意と意思表示に不一致はなく、表示錯誤ではありません。このことはわかりますか？
　この場合、**意思表示の基礎となった事実を誤解したにすぎません。**これを**事実錯誤**とよびます。
　事実錯誤の場合も、一定の要件を満たせば意思表示を取り消すことができます。
　その要件のうち、①錯誤に基づき意思表示がされていたこと、②錯誤が法律行為の目的及び社会通念に照らして重要なものであること、の2つは表示錯誤の場合と同様です。
　それに加え、事実錯誤の場合にはさらに必要な要件があ

▼第95条［錯誤］②前項第2号の規定による意思表示の取消しは、その事情が法律行為の基礎とされていることが表示されていたときに限り、することができる。

ります。それは、③その事情が法律行為の基礎とされていることが表示されていたこと、です。

　たとえば、長島さんが、「松井くん、今度自動車税が上がるらしいから、2台あるうちの1台は売ることにしたよ。カローラを買わないか？」というような申込みをした場合です。

　このように明確な表示に限らず、自動車税が上がるという事情が、カローラを売るという法律行為の当然の前提であるといえるなら、それは黙示的な表示をしたことになり、③の要件を満たします。

表示錯誤：表示行為と効果意思の不一致
事実錯誤：効果意思を生むきっかけとなった事実の誤解
　要件を満たせば取消し可能
　事実錯誤は要件が多い
　表意者に重過失があると取り消せない

(3)意思表示の不一致

　錯誤とよく似た場合として、長島さんが、自宅に置いてあるカローラを松井さんに売ろうと思い、「ぼくの（持っている）クルマを100万円で買わないか」と持ちかけたところ、松井さんは、「（長島さんがいつも乗っている）ベンツを100万円で売ってくれるのだ」とカン違いして承諾した場合があります。

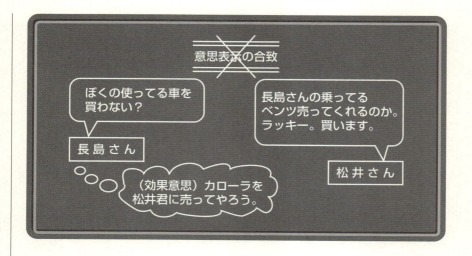

　このケースでは、長島さんの意思表示はカローラを売ることで、松井さんの意思表示はベンツを買うという趣旨ですから、そもそも**契約の成立に必要な意思表示の合致がありません。**

　したがって、錯誤の問題を考えるまでもなく、契約は不成立です。

5……強迫、詐欺

　バブル経済時代に地上げといって、開発業者が土地を強引に取得することがよくありました。脅したり、だましたりして土地を売らせることが実際にあったのです。

　脅して売却の意思表示をさせるような場合を強迫（きょうはく）、だまして売らせるような場合を詐欺（さぎ）といいます。

　このような意思表示は、真意の形成に不正な関与を受けているので、**取り消すことができます**（96条1項）。

　取消しとは、**それまで有効だった意思表示**を、その意思表示をした人（表意者）の意向によって**最初からなかったことにする**ことをいいます。

▼第96条〔詐欺又は強迫〕
①詐欺又は強迫による意思表示は、取り消すことができる。
▼一方、無効とは、最初から法律行為の効力が生じていないことをいいます。

6……契約の有効性

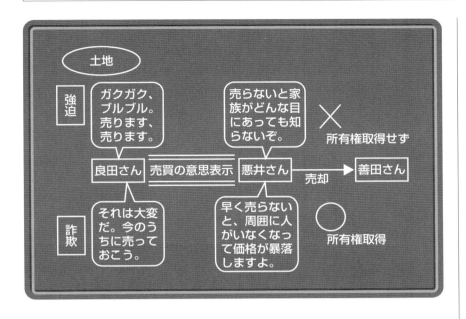

　したがって上の図のようなケースで、売買を取り消すかどうかは良田さんの自由に任されています。

　強迫や詐欺を受けたとしても、売った結果が自分にとって良かったのなら取り消す必要はありません。バブルのころは、買取りの値段だけは豪勢でしたから、案外このようなケースが多かったかもしれません。

　取消しにより意思表示は最初からされなかったことになります（121条）。これを**取消しの遡及効（そきゅうこう）**といいます。

　詐欺の場合に限り、取消しは善意かつ無過失の第三者には主張できません（96条3項）。

　つまり良田さんは詐欺を理由に売買を取り消しても、何の落ち度もない善田さんからは土地を取り戻せません。詐欺の場合は、良田さんにも「欲をかいた」というような非があるので、何も知らない善田さんと比べた場合は、善田さんを勝たせざるをえないのです。

▼遡及効がない場合は、取消しのように見えても「撤回」とよばれています。

▼第96条〔詐欺又は強迫〕③前二項の規定による詐欺による意思表示の取消しは、善意でかつ過失がない第三者に対抗することができない。

> 強迫：善意・無過失の第三者にも、取消しを主張できる。
> 詐欺：善意・無過失の第三者には、取消しを主張できない。

代理 7
★★★

1……代理とは

　長島さんは自分の持っているカローラを売りたいと考えていますが、仕事が忙しいので、なかなか買い手をみつけることができません。

　そこで、息子に頼んで、友達や会社の同僚などの中から買い手を探し、適当な相手がいたら売却するよう依頼しました。

　売値についても息子に一任することにしましたが、絶対に100万円以下では売らないよう念を押しました。

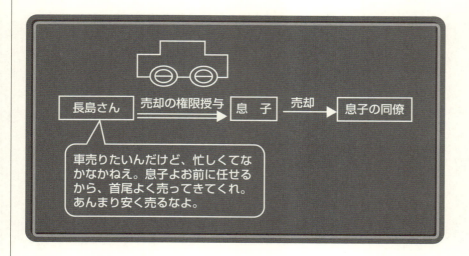

このように、他人に権限を与えて、自分の代わりに売買などの法律上の行為をさせることを、**代理**といいます。

代理の法律関係においては、権限を与えられた者＝息子を**代理人**、権限を与えた者＝長島さんを**本人**といいます。

事例のように、代理人を利用することによって、自分の活動範囲を広げることができます。

すなわち、**代理人の行った行為の法的な効果が本人に帰属する**ことが、代理制度の存在意義です。

▼これを「代理権」といいます。

さて、長島さんの息子は、**代理人としての権限**を与えられたことにより、以後彼の行う法律上の行為は2種類あることになります。ひとつは長島さんの**代理人としての行為**、もうひとつは**自分自身としての行為**です。

息子が長島さんの代理人として車を売却するには、**「長島の代理人です」と明らか**にして、売買契約を締結しなければなりません。

これを**顕名（けんめい）**といいます。

そうでなければ、息子の同僚にしてみたら、売主が長島さんだということがわからないですよね。

したがって、顕名は、代理人の行為が本人に帰属するための要件です。まとめると、代理の成立には、次の2つの要件が必要です。

代理人のした行為が、本人に帰属するための要件
①代理権の存在
②顕名したうえで法律行為を行うこと

---

①の代理権の存在は、通常、**委任状**という書面で証明されます。

委任状のサンプルは次のようなものです。

```
委任状

　私は、神戸市○○区○○７丁目８番９号長島和男を
代理人と定め、カローラ売却および名義変更手続に必
要な権限を授与する。
　令和○○年○月○日
　　　　　大阪市○○区○○１丁目２－３　長島 繁男
```

2……法定代理

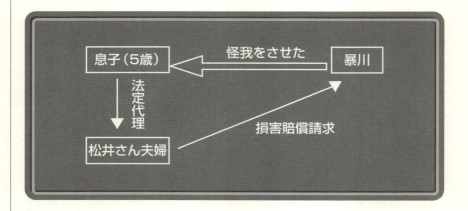

　代理という関係が成立するのは、先の例のように、本人
が**自分の意思で代理権を誰かに与えた場合だけではありま
せん**。
　松井さんには５歳になる息子がいますが、暴川の運転す
る自動車にひっかけられて、全治１カ月のけがをしました。
　息子は暴川に対し損害賠償を請求することができます
が、現実には５歳の幼児にできることではないので、父親
の松井さんとその妻が息子に代わって暴川に請求すること
になります。
　ここでは未成年者に対する**両親の親権**が、代理権の根拠
です（5条）。**法律の規定によって代理権が生ずる場合**を、

▼一方、権限授与による代理を「任意代理」といいます。

法定代理といいます。

> ①任意代理＝本人の意思に基づく代理
> ②法定代理＝法律の規定に基づく代理

　任意代理は、本人から権限をある範囲に限定されているのに対し、法定代理の権限は一般的、包括的です。

3……無権代理

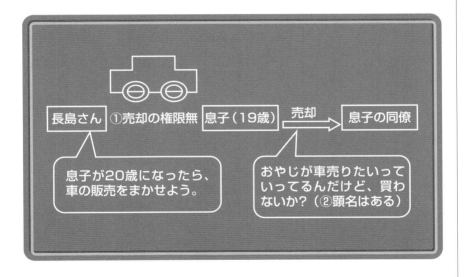

　代理の成立要件をもう一度おさらいしましょう。①代理権の存在と、②代理人が**顕名**して行為することでしたね。この２つの要件のうち、①の**代理権が欠けた場合を無権代理**といいます。
　長島さんは息子が20歳になったら代理権を与えようと思っていましたが、まだ代理権を与えないうちに息子が先

▼未成年者でも、代理人になる能力はあります（102条）。

第1編■総則

走って、同僚に車を売ってしまいました。

　これは息子の無権代理行為ですので、長島さんに売主としての責任が生じることはありません（113条）。

　ただし、売買の結果を長島さんが納得すれば、**事後承認を与えることはできます**。これを**追認**といいます。

　追認がなかなかなされないときに取引の相手方の取りうる措置として、**催告権**と**取消権**が認められています。

　催告権は、追認するのかしないのか、態度をハッキリしろ、と本人に迫るものです。

　催告しても本人が態度をはっきりさせなければ、本人が追認を**拒絶したと**みなされます（114条）。これは以前よく司法試験に出題されました。

　取消権は、取引相手のイニシアチブで、本人に行為が帰属しないものとしてスッキリさせてしまおうという趣旨です。

　追認がされなかったとき、無権代理人の勝手な行為によって損害を受けた取引相手は、無権代理人に対して契約の履行か損害の賠償を請求することができます（117条）。

68

4……表見代理

　正当な代理人の外見を持つ者がいて、相手がこの者を信じて取引を行うのが無理もないような場合であれば、無権代理行為であっても本人に効果が帰属することがあります。これを表見代理（ひょうけんだいり）といいます。
　民法は3つの表見代理を定めています。

(1)代理権授与表示がある表見代理（109条）

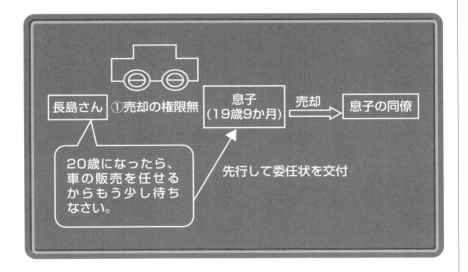

▼第109条〔代理権授与の表示による表見代理等〕①第三者に対して他人に代理権を与えた旨を表示した者は、その代理権の範囲内においてその他人が第三者との間でした行為について、その責任を負う。ただし、第三者が、その他人が代理権を与えられていないことを知り、又は過失によって知らなかったときは、この限りでない。

　たとえば、息子が20歳になったら車の売却を任せるつもりで、まだ20歳になっていないが、先に**委任状だけ渡しておいたような場合**です。
　息子がこの委任状を使って取引をしたとき、長島さんを売主、息子の同僚を買主とする売買契約が成立します。
　これを代理権授与表示がある表見代理といいます（109条1項）。
　長島さんがカローラ売却の代理権しか与えていないのに、息子がベンツまで売ってしまった場合でも、買主に落ち度がなければ契約は成立します（同条2項）。

(2)権限超越の表見代理（110条）

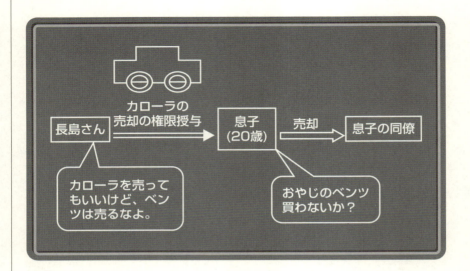

　長島さんが**カローラ売却の代理権しか与えていないのに、息子がベンツまで売ってしまった**場合、長島さんはベンツの売主としての責任を負わなければなりません（110条）。

　何らかの権限を与えた以上、それを越えた行為をされることを覚悟すべきだからです。

　これを権限超越の表見代理といいます。

　ただし、息子にベンツを売却する権限がないことを、息子の同僚が知っていた場合は、責任を免れます。

　表見代理の3つの規定の中でも、もっとも実務上の重要度が高く、裁判例も多いものです。

▼このとき、カローラ売却の代理権を「基本代理権」といいます。

▼第110条〔権限外の行為の表見代理〕前条第1項本文の規定は、代理人がその権限外の行為をした場合において、第三者が代理人の権限があると信ずべき正当な理由があるときについて準用する。

(3)代理権消滅後の表見代理

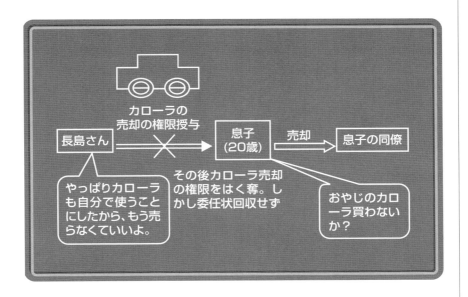

▼第112条［代理権消滅後の表見代理等］①他人に代理権を与えた者は、代理権の消滅後にその代理権の範囲内においてその他人が第三者との間でした行為について、代理権の消滅の事実を知らなかった第三者に対してその責任を負う。ただし、第三者が過失によってその事実を知らなかったときは、この限りでない。

　代理権の授与やそのはく奪は、本人が自由に行うことができます。しかし、はく奪してもそれが第三者にわからないときは、やはり本人の責任は免れません（112条）。

　代理人が権限外の行為をしたときも、本人は責任を負います（同条2項）。

　代理権をはく奪したときは、委任状を回収したり、それまで代理人が取引をしていた相手に通知をするなどの手段を講ずることが、事実上必要になるということですね。

表見代理の3つのパターン
①代理権表示の表見代理（109条）
②権限超越の表見代理（110条）
③代理権消滅後の表見代理（112条）

第1編■総則

契約の効力発生時期（条件・期限・期間）

8

★

　もう一度契約の成立の話に戻りましょう。覚えています
か？　相対する者の意思の合致があれば契約が成立するの
でしたね。

　ただし契約が成立しても、**実際の契約の効力の発生**は、
当事者の合意で先延ばしにすることができます。

1……条件

(1)停止条件

　某球団が優勝したら利息をアップするという内容の定期
預金のように、**必ず実現するとは限らない**けれども、ある
事実が起きたときだけ特定の法律効果が発生するように契
約のときに決めておくことを、**停止条件**といいます
（127条1項）。

　素直に開始条件とか発生条件という名前にすればいいの
に、停止条件という名前はよくわかりにくいですね。

▼実現を待ち望んでいる人
も多いことと思いますが
…。

(2)解除条件

　停止条件とは逆に、ある事実が起きたときに法律効果が
止むように決めておくことを、解除条件といいます
（127条2項）。既往症の告知を怠ったら、保険契約が支
払われなくなるペナルティなどは、解除条件の例といえま
すね。

　このように条件は、外部の事実だけではなく、当事者の
行為の場合もあります。

▼条件として決めた事実が
実現することを「条件成就」
といいます

72

> ①停止条件＝条件成就すれば効果発生
> ②解除条件＝条件成就すれば効果消滅

2……期限

⑴始期、終期、履行期限

ある時点をもって契約の効力が発生または消滅すること
を取り決めることをいいます。

「この契約は2020年4月1日より発効する」のように
効力発生の場合を**始期**といいます。

「この契約は2020年12月31日の経過をもって終了
する」のように、効力消滅の場合を**終期**といいます（135
条）。

また、「2020年3月31日までに返済する」のように、
たんに**履行の締め切り日**を意味する場合もあります。むし
ろたんに期限といったときは、この**履行期限**のことをいう
ことが多いですね。

> 期限の分類
> ①始期、終期、履行期限　期限到来時の効果による区別
> ②確定期限と不確定期限　期限の決め方による区別

(2)**確定期限と不確定期限**

日付で決めた期限のように、**いつ来るかが暦的に明確な**ものを**確定期限**といいます。

一方、「セ・リーグの今年の全日程が終了したとき」のような決め方を**不確定期限**といいます。この例では、雨天順延がありますから**いつ終わるかはわからないですが、いつかは間違いなく全日程が終わりますから、条件とは異なります。**

▼実現するかどうかがハッキリしないのが条件でしたね。

3……期間

「今日から何日後に支払う」、「3カ月間貸す」などの日時の決め方を期間といいます（民法138条）。

時効 9
★★

1……時効制度

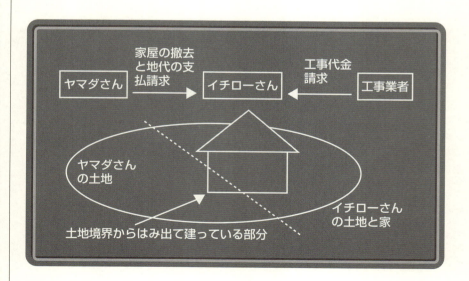

①イチローさんが自分の土地に家を建ててからもう20年以上たちます。ところが最近、隣のヤマダさんから、「イチローさんの家が大幅にうちの土地にはみ出して建っている」と言われました。

建築士に確認してみると、どうやらヤマダさんの言うとおりのようです。

さらにヤマダさんは「はみ出た部分の家屋を撤去し、過去20年分の地代を払ってほしい」とイチローさんに言ってきました。

②また、5年以上前に自宅の改築をしたときの工事業者からは、「工事代の請求漏れがあった」といって、100万円の追加請求がありました。

上記の事例で、イチローさんが選択したのは、①②のいずれについても、時効を主張することでした。

すなわち、①は時効による**はみ出た部分の土地の取得**を、②は時効による**債権の消滅**をそれぞれ主張し、いずれも裁判で認められました。

①でのイチローさんの主張は**取得時効**、②でのイチローさんの主張は**消滅時効**というものにもとづいています。

本来、①ではヤマダさんに所有権、②では工事業者に金銭債権という権利があったはずです。

しかし、これらの権利を忘れたころに主張されたのでは、それまでの、**時間をかけて落ち着いてきた状態が一気に崩壊**してしまいます。それはこの事例のイチローさんの立場から明らかですね。

一般に民法は、このようなラジカルな権利行使には、あまり積極的ではありません。そして、そのために本来の権利者が犠牲になったとしても、**長い間権利の行使を怠ってきた**のだから、いまさらやむを得ないともいえます。

これが時効という制度の認められる理由です。

第1編■総則

> 時効
> ・長期間継続した事実状態を権利に高め（取得時効）、
> ・長期間行使されない権利を認めない（消滅時効）制度。

2……取得時効

　イチローさんは、自分の土地だと信じて家を建ててから20年目に、ヤマダさんの敷地部分の所有権を取得します（162条）。もし**自分の土地と信じたことに落ち度がなければ**、時効期間は10年に短縮されます。

　またこれは非常に重要ですが、時効取得とは、なんでもかんでも他人の物を長期間占有しさえすればいいというわけではありません。

　たとえば、**土地を借りて20年間占有したとしても、その土地の所有権を取得するわけではありません。**

　時効によって所有権を取得するためには、所有者のつもりで占有を続けなければならないのです。

▼所有の意思に基づく占有を自主占有、そうでないものを他主占有といいます。

3……消滅時効

　またこの例で、工事業者が権利を行使できることを知った時から5年間行使しないときには、イチローさんに対する工事代金請求権は消滅します（166条1項1号）。

　工事業者はイチローさんに対する工事代金請求権があることは当然認識していますので、5年経過後に請求漏れが発覚しても、工事代金請求権は時効により消滅することになります。

　債権の存在自体を容易に把握できないようなケースもありますが、そういった債権も、権利を行使することができる時から10年間行使しないときは、時効により消滅します（同項2号）。

▼第166条［債権等の消滅時効］①債権は、次に掲げる場合には、時効によって消滅する。
一　債権者が権利を行使することができることを知った時から5年間行使しないとき。
二　権利を行使することができる時から10年間行使しないとき。

76

4……時効の完成猶予・更新

長期間権利の行使を怠った者は保護に値しないというのが時効の制度趣旨の一つですから、**権利行使の意図を明確にすれば時効は完成しません。**

具体的には、時効の完成猶予と、時効の更新があります。

時効の完成猶予とは、所定の期間、時効の完成を遅らせることです。

たとえば、工事業者が時効完成の直前に請求漏れに気づきイチローさんに催告していれば、その時から6箇月は時効が完成しません（150条1項）。

時効の更新とは、進行していた時効期間がなしになり、最初に戻って進行を始めることです。

たとえば、時効完成前にイチローさんが工事代金の請求漏れがあることを承認していれば、その時から改めて時効期間が進みます（152条）。

5……時効の援用

▼時効期間が満了することを「時効の完成」といいます。

法律で定めた時効期間が満了するだけでは、時効は完全には効力が生じません。

時効が効力を生ずるには、イチローさんが、「時効によって所有権を取得します」、あるいは「債務を消滅させます」という**意思表示をしなければなりません**。これを**時効の援用**といいます（145条）。

もともと時効という制度は、裁判で主張して初めて認められるもの、という性格が強く、それでこのような**時効完成＋援用という二段構えの構造**になっているのです。

したがって時効が完成しても、イチローさんが時効を援用するまでは、所有権の取得や債務の消滅の効果は生じません。

そして**時効を援用するかどうかはイチローさんの意思**に任されています。

また**時効を援用しないという意思**を確定的なものにすることもできます。これを**時効利益の放棄**といいます。

第1編■総則

> 時効の援用＝時効の利益を享受する意思表示
> 時効利益の放棄＝時効の利益を享受しない意思表示

6……時効の遡及効

　ヤマダさんの土地についてイチローさんの時効が完成し、援用されると、イチローさんは、家を建てて**土地の占有を開始したときから土地を所有していたものとみなされます**（144条）。

　これを時効の遡及効といいます。

　したがって、ヤマダさんのイチローさんに対する主張は、建物の撤去はもちろん、20年分の地代を支払えという言い分も理由がないことになります。

第2編

物権

第2編■物権

物権法の全体像

★

10

1……物権と債権

　民法総則で、人と物という概念を理解しました。民法上の法律関係は、**人と人**、**物と物**、**人と物**のいずれかだという話もしましたね。

　これを物権と債権にあてはめると、**物権とは人の物に対する権利**、**債権とは人と人に対する権利**、とおおざっぱにいうことができます。

　その権利の内容を大きく分けたとき、**物を実際に利用する権利**と、**物を売ったときの代金に対する権利**とがあります。所有権はその両方を含むオールマイティな権利です。

> 物を利用する権利＝通常の物権：地上権、占有権など
>
> 物の価値に対する権利＝担保物権：抵当権、質権など
>
> 万能の権利＝所有権

　イチローさんがＡ土地に所有権を持っているとき、**重ねて中田さんがＡ土地に所有権を持つことはありません**。ひとつの物に対して同内容の物権が重ねて成立しないことを**物権の排他性**といいます。

　排他性は物権と債権を区別する最大の特徴です。ということは、**債権については、一人の人間に対して同じ内容の権利が同時に成立する**ということです。それはこういうことです。

▼一物一権主義ともいいます。

80

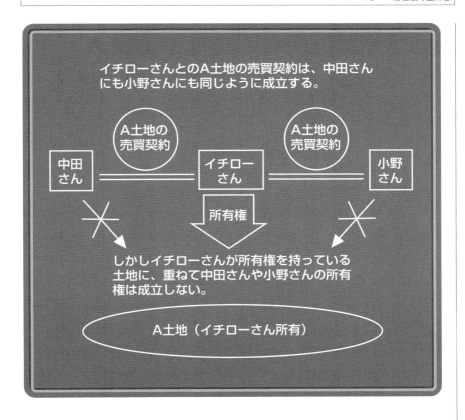

　イチローさんから（A土地の）売却を受ける権利＝債権は、中田さんも小野さんも同じように持つことができます。

　しかし、A土地を支配する権利＝物権は、最終的に中田さんか小野さんのどちらかしか、イチローさんから取得することができません。

　こう言うと、抵当権という担保物権を知っている人から、こんな質問が飛んできそうです。

　「抵当権は同じ土地に重ねていくつも成立するじゃないですか」おっしゃるとおりです。

　しかし、同じ土地に成立した複数の抵当権は、1番抵当、2番抵当というように、優先順位がつけられます。**最も優先度の高い1番抵当権が重ねて成立することはないの**ですから、やはり抵当権にも排他性はあるのです。

2……物権的請求権

　イチローさんが所有するＡ土地に、隣のヤマダさんの庭の木が倒れこんできたら、イチローさんはヤマダさんに対して木の撤去を請求できます。

　実際にまだ倒れていなくても、倒れてきそうなら防止措置を求めることができます。

　このような請求権を**物権的請求権**といいます。

　人が人に何かを求める**請求権は、契約によって成立するのが原則**でした。上の事例の請求も、人が人に木の撤去とか防止措置とかの行為を求めているのですから、物権の内容そのものではありません。

　しかし、**物権をより確実なものにするために**、契約によらなくてもこのような行為を求めることが認められているのです。

　物権的請求権の内容については、黒板にまとめます。

物権的請求権

①返還請求：物権自体を奪われた場合⇒物を返還するよう
　　請求
②妨害排除請求：①以外の方法で物権の利用を邪魔された
　　場合⇒邪魔をやめるよう請求
③妨害予防請求：①②が発生する恐れがある場合⇒適当な
　　防止措置を講ずるよう請求

3……物権法定主義

　物に対する権利の種類や内容は、法律で定められたものに限られるという原則です。所有権、占有権など法律で権利の種類とその内容が、あらかじめ決められています。民法で定める物権の種類を黒板に書きます。

物権の種類
①所有権：物に対するオールマイティの権利
②地上権
③永小作権
④地役権　　②～⑤＝用益物権
⑤入会権　　（物を利用する権利）
⑥留置権
⑦先取特権　⑥～⑨＝担保物権
⑧質権　　　（物の金銭的価値に対する権利）
⑨抵当権
⑩占有権：物の占有状態を保護するやや特殊な物権

　　　典型契約という13種類の契約類型があったのを覚えて
いますか？　物権法定主義も類型の羅列という意味では少
し似ていますよね。
　　しかし、**契約の場合は、非典型契約を締結することも認
められていましたが、物権ではそのような自由は認められ
ていない**のです（175条）。

物権変動

★★★ 11

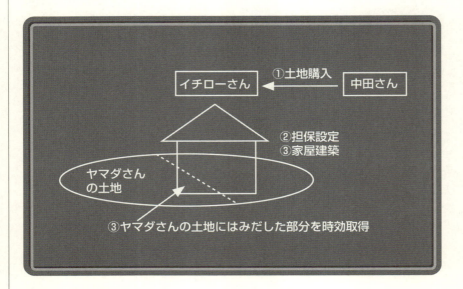

1……物権変動とは

　イチローさんは、
①30年前に中田さんから土地を購入して取得し、
②20年前に土地を担保にお金を借り、
③借りたお金で家を建て、
　先だって隣のヤマダさんの土地の一部を時効により取得
　しました。
　これを法律的にみれば次のようになります。

①土地の所有権の承継取得
②土地に抵当権を設定
③家屋の所有権を原始取得
　土地の所有権を時効取得（原始取得）

　このように、**物権を取得したりされたり、あるいは内容に変更が生ずること**を物権変動といいます。

2……**物権の取得**

　一番代表的な物権変動は、**物権を取得**することです。物権を取得するには2つの方法があります。**承継取得**と**原始取得**です。

(1)承継取得

　中田さんや小野さんが、A土地の所有権をイチローさんから**譲り受けること**を承継取得といいます。

　売買、贈与など、物権の取得の大部分は承継取得です。

　承継取得の特徴は、イチローさんの権利が小野さんや中田さんにそのままの形で移転する、ということです。

　イチローさんがA土地を借金の担保にしているのであれば、小野さんや中田さんは、担保つきのままでA土地の所有権を取得するのです。

(2)原始取得

　小野さんや中田さんが、例外的に担保がつかない所有権を取得する場合もあります。たとえば、取得時効によって土地の所有権を取得した場合です。

　後で出てくる、動産の即時取得も原始取得の1つの例です。

第2編■物権

> 物権の取得
> ①承継取得：前者の権利を譲り受けること。売買、贈与
> ②原始取得：自分が最初の権利者となること。時効、即時
> 　取得

3……物権の喪失

　中田さんか小野さんがＡ土地の所有権を取得すれば、それまで所有者だったイチローさんの所有権は失われます。すでに学んだ**物権の排他性から当然**のことですね。

　また家屋が火事で消滅してしまえば、家屋に対する所有権や抵当権なども消滅してしまいます。

　ただし、人の死亡によって相続が生じたように、**物権の消滅についても事後処理のようなことが行われることがあります**。火災保険金について抵当権者が権利を持つ場合などです。

▼物上代位といいます。

4……不動産物権変動の対抗要件

⑴**意思主義の原則**

　上で見たように、物権変動がおきる原因は、売買、時効などさまざまです。

　しかし、一番割合が高く、重要な物権変動は、売買や贈与など**契約の結果として**物権変動が行われる場合です。これを**意思表示による物権変動**といいます。

　売買などの契約は意思表示の合致のみによって成立するのでしたね。契約書の作成など特別な方式を踏まなくても、売買契約は完全に有効なのでした。

　そして、この売買契約が成立したときに、所有権は売主から買主に移動します。

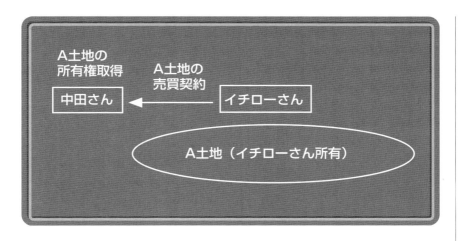

　言い換えれば、図で**中田さんがA土地の所有権を取得するには、イチローさんとの間で売買契約を締結するだけでよい**のです。これを**物権変動の意思主義**といいます（176条）。

(2)**対抗要件**

　しかし、悪田という別の人物が、イチローさんとの間で同じ土地の売買契約をしたときは、話は別になります。

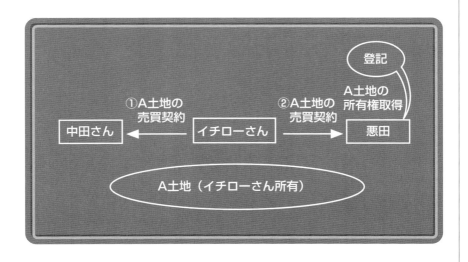

第2編■物権

債権には排他性がないので、このような全く同じ内容の
契約が別に締結されることもあり得るのでしたね。

このようなケースを**二重譲渡**といいます。

中田さんがイチローさんからＡ土地を売ってもらったと
思って登記もせずに安心していると、**後から譲り受けた悪
田が登記をしたときは、Ａ土地は完全に悪田のものになっ
てしまいます。**

そして、中田さんが先に購入したことを**悪田が知ってい
た（＝悪意）としても、結論は動きません。**

つまり、意思表示だけでは完全ではなく、登記まで完了
して、初めて物権の取得は完璧なものになるといえます。
これを第三者に対する対抗要件といいます（177条）。

▼登記とは、土地を買った
り建物を建てたことを登録
することです。

> 物権の変動
> ①意思主義の原則⇒売買などの契約だけで物権が移転する
> ②対抗要件⇒取得した物権を確固としたものにするために
> 必要
> 二重譲渡の事例では、対抗要件を先に備えた者が勝つ。

5……動産物権変動

(1)原則

動産も、売買などの契約によって所有権が移転すること
（176条）と、より完全にするための対抗要件が必要であ
ることは、不動産と変わりません。

ただし、**動産には登記という制度がないので、「引渡し」**
という行為が対抗要件とされています（178条）。

したがって、不動産の事例と同じように、第一買主の中
田さんは売買の合意によって一応所有権を取得しますが、
その物を受け取らないで安心していると、**悪田がイチロー
さんと売買契約をして実際に物を受け取ってしまったとき**

に、もはやその動産に対する権利はなくなってしまいます。

(2)即時取得

動産の物権変動の原因としてより重要なのは、即時取得とよばれる制度です。

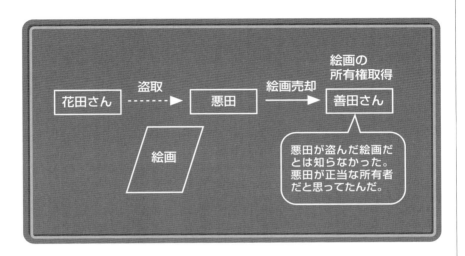

善田さんは悪田が持っている絵画を100万円で購入したが、その絵画は実は、**悪田が花田さんから盗んだものだった**としましょう。

本来善田さんは、正当な権利者から承継取得するのでなければ、絵画の所有権を取得することはできません。

しかし悪田は盗取者にすぎず絵画の所有権を持っていません。

したがって、この時点では、絵画の所有権は依然として花田さんにあります。ここまではよろしいでしょうか。

しかし、悪田が所有権者でないことを善田さんが知らなかったときは、善田さんが所有権を原始取得できることにしたのが、即時取得という制度です（192条）。

なぜ真の権利者である花田さんを犠牲にしてまで、善田さんの所有権取得がみとめられるのでしょうか。

それは、**動産取引が不動産取引とは比較にならないくら**

▼物権の取得には、承継取得と原始取得の二種類がありましたね。

▼第192条〔即時取得〕取引行為によって、平穏に、かつ、公然と動産の占有を始めた者は、善意であり、かつ、過失がないときは、即時にその動産について行使する権利を取得する。

第2編■物権

い日常的かつ大量に行われるので、いちいち売主が本当の
所有者なのかどうかを調べていたら、世の中がうまくいか
なくなるからです。

　不動産の場合は一生の買い物です。売主が信用できる人
物か、本当に所有権があるのか、きちんと調べてから売買
契約を締結するのが普通です。

　しかし動産はそうはいきません。たいてい毎日なにかし
らの買い物をするわけですから、缶ビールを買うときにい
ちいち酒屋のおじさんの身元調査はやってられないでしょ
う。

　即時取得は、動産取引の安全を保護するための規定です。
取引の安全という言葉は、民法を理解していくうえでの重
要なキーワードとなりますから、よく覚えておきましょう。

▼取引の安全を「動的安全」
ともいいます。一方、花田
さんのような真の権利者の
利益を「静的安全」といい
ます。

動産物権の変動
①対抗要件が「引渡し」である点が、不動産と異なる。
　二重譲渡の事例では、対抗要件を先に備えた者が勝つの
　は不動産と同じ。
②即時取得という不動産にはない制度によって、取引の安
　全が保護されている。

■ 占有権

★

12

　ここから先は、「物権法定主義」の項目で黒板に掲げた、
各種の物権について、個別に説明をしていくことになりま
す。

　このうち、占有権だけは、他の権利とはやや性格が異な
りますので、先に取り上げましょう。

90

占有権とは、**自分のために物を所持**することによって成立する権利です（180条）。

占有権の内容としては、**占有訴権**が大きなものであり、その他に付随的なさまざまな権利があります。まず占有訴権を説明しましょう。

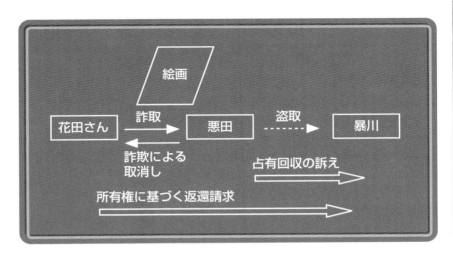

1……占有訴権

▼第200条〔占有回収の訴え〕①占有者がその占有を奪われたときは、占有回収の訴えにより、その物の返還及び損害の賠償を請求することができる。

▼詐欺による法律行為は96条によって取り消すことができましたね。

花田さんは悪田に絵画をだまし取られましたが、すぐに詐欺による譲渡として取り消しました。悪田は、花田さんに絵画返還する前に、暴川に盗まれてしまいました。

この場合悪田は、暴川に対し、絵画の返還を請求することができます（200条1項）。

花田さんが譲渡契約を取り消した以上、悪田には絵画について何の権利もありません。

それにもかかわらず、暴川に対してこのような請求が認められるのは、それまで悪田が絵画を占有していて、**一応の秩序が保たれていた**からです。

そのような秩序を乱した暴川に対しては、**正当な権利がなくても返還請求ができる**というのが、占有訴権という制度の趣旨です。

第２編■物権

　もちろん悪田は、最終的には絵画を花田さんに返さなければなりません。しかしそのためにも、いったん自分の元に絵画を回収することが必要です。

　どのような場合に占有訴権が認められるかを、黒板にまとめました。

▼花田さんも暴川に絵画の返還を請求できるのはもちろんです。物権的請求権といいましたね。

占有訴権の３つの類型
①占有回収の訴え（200条）：物が奪われたとき
②占有保持の訴え（198条）：①以外の方法による邪魔があったとき
③占有保全の訴え（199条）：①②が発生するおそれがあるとき

　どこかで見たことがありませんか。そう、物権的請求権の３つの類型に対応しているのがわかるでしょうか。

　つまり暴川に対する返還請求が、**悪田によってなされればそれは占有訴権**、**花田さんが直接返還を求めれば、それは所有権にもとづく物権的請求権**です。

　本来の権利者である花田さんがなす物権的請求を、占有訴権と区別する意味で、**本権にもとづく訴え**ということがあります。

2……その他の占有権の効力

(1)善意占有者の果実収取権（189条）

　果実を収取できる物は、分離のときに元物について正当な権利を持つ者でしたね（89条１項）。元物の善意の占有者はこの正当な権利者にあたります。売主の錯誤で畑の売買が無効とされた買主は、果実を取得できる善意の占有者の例です。

　一方、強迫を理由として売買が取り消された場合は、買

主は悪意の占有者であって、果実を収取することはできません（190条）。

細かいですが、各種試験でよく出題されるところです。

(2)占有者の費用償還請求権（196条）

占有権者が修理費や保管費などを出費したときは、本権者に請求することが認められています。

所有権 13
★

所有権とは、動産および不動産の使用、収益、処分のいずれをも行うことができるオールマイティの権利です（206条）。したがって、他の物権のように、こと細かな規律が定められているわけではありません。

法律に違反したり、**権利の濫用**（1条3項）にあたらないかぎり、その物を煮て食おうが焼いて食おうが好きなようにしていいわけです。

1……相隣関係

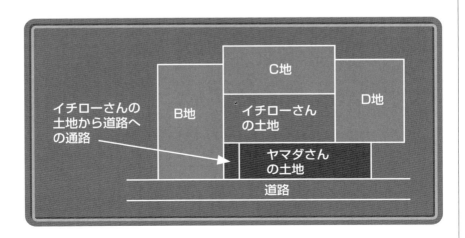

第2編■物権

煮ても焼いても自由とはいいましたが、所有権が全く制限を受けないわけではありません。

土地の売買をくり返すと、前ページの図のイチローさんの土地のように、周囲を他人の土地に囲まれた**袋地（ふくろち）**が生じてしまうことがあります。

この場合、ヤマダさんは、イチローさんが出入りのために、自分の土地を通行することを認めなければなりません（210条1項）。

このような**土地の隣接にともなう利用や負担の関係を相隣関係（そうりんかんけい）**といいます。

民法は相隣関係を土地所有権の制限としてとらえ、所有権の章にさまざまな相隣関係を想定した規定を置いています（209条〜238条）。

相隣関係と同様の内容を、イチローさんとヤマダさんが**契約で定めれば、それは用益物権の1つである地役権**となります。

2……所有権の取得

埋蔵物が発見されたり、物が作り出されたり、何か新しい物がこの世に現れたとき、最初に発生する権利はたいてい所有権です。そこでこのような場合の原始取得の規定が多く定められています。

そのなかで重要性の高いのは**付合（ふごう）**といわれるものです。

これは、ある物が別の物とくっついてしまった場合、より大きい方を所有している者が、すべての所有権を取得するとの原理です。

ただし、**建物は土地に付合することは絶対になく、常に土地とは別個の不動産とされる**ことは、前に述べました。

94

13……所有権

> 所有権の原始取得原因
> ①無主物先占（239条）
> ②遺失物拾得（240条）
> ③埋蔵物発見（241条）
> ④添付＝付合（242～244条）、混和（245条）、
> 　　　加工（246条）

3……共有

⑴民法上の共有

▼投機＝転売利益を得る目的のこと。更地（さらち）＝建物の建っていない土地のこと。

　ABCの3人が、代金の1／3ずつを出し合って共同で、**投機**のためにある**更地**を購入した場合のように、**複数人が1つの動産や不動産を分け合って所有すること**を、共有といいます。

　この場合、ABCは共有土地に対して、それぞれ1／3ずつの**持分**を有しています。

　共有者は各自、共有物を持分に応じて使用することができます（249条）。

　たとえばこの土地を転売するまでの間、ひとまず資材置き場として使用することにしたのであれば、ABCは各人が1／3ずつを自分の資材置き場として使用することができます。

　また、出資を引き上げたいAは、BCに対し、土地の1／3をA個人に引き渡すように請求することもできます（256条）。これを**分割請求**といいます。

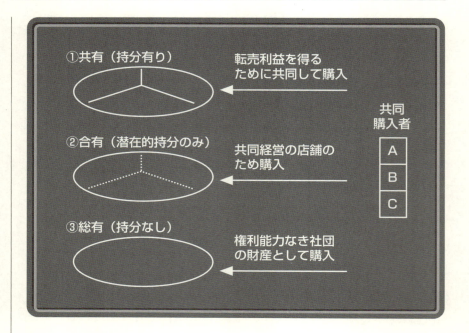

(2) 合有と総有

　今見たように、民法の定める共有とは、いつでも**分割請求できる**など、**共有者各人の独立性が非常に高い**制度です。

　ただ、実際に社会に存在する共同所有形態は、分割請求をそれほど簡単に認めてよいものばかりではありません。

　たとえばABCが**共同で事業を営んでいる場合**、事業に使用している建物や機械について**簡単に分割請求を認めるわけにはいかない**でしょう。

　合有（ごうゆう）や総有（そうゆう）とは、このような場合に、**持分の処分や分割請求を制限するための共同所有の形態**です。民法の条文には合有や総有という言葉はありませんが、一般的に肯定されています。

　合有と総有の違いは、合有が一応**潜在的な持分**があって、場合によっては分割請求が認められるのに対し、総有は一切の分割請求を認めない、どちらかというと**団体の帰属財産**という色彩が強い形態です。

用益物権

★

14

　不動産や動産の機能の一部を**実際に利用する権利**を用益物権といいます。今日では、用益物権が意図する目的が、**賃貸借などの債権契約でまかなわれることが極めて多く、**その重要性は減少しているといってよいでしょう。

1……地上権

　他人の土地に建物その他の建築物を所有する権利です（265条）。

　今日では他人の土地での建物所有には、土地の賃貸借契約が締結されるのがほとんどです。

　実際に地上権が設定されることは、法定地上権（388条）を除けばほとんどないといってよいでしょう。

2……永小作権

　他人の土地で耕作をする権利をいいます（270条）。

　永小作（えいこさく）権もいまやほとんど賃借権に取って代わられており、地上権と同様にその重要性は少ないといってよいでしょう。

3……地役権

　袋地の所有者が他人の土地を通行できることなどを定めた相隣関係を説明しました。**相隣関係**は法律で決められた所有権の制限でしたが、同じような内容を土地所有者同士**の契約で定めれば、地役権**となります（280条）。

　契約で内容を決められる分、地役権のほうが相隣関係よりも、柔軟でバラエティに富んでいるといえます。

　イチローさんの土地に水を引くために、上流に位置するヤマダさんが、その所有する土地に水管を引くことを承諾した場合などが地役権の例です。

　この場合のイチローさんの土地を**要役地**、ヤマダさんの

97

第2編■物権

土地を**承役地**といいます。

4……入会権

　用益物権としての入会（いりあい）権は、山菜、たき木、堆肥などを収集するために、地域住民が**他人所有**の山林などを利用する権利のことをいいます（294条）。

> 用益物権
> ①地上権：他人の土地に建物などを建築する権利
> ②永小作権：他人の土地を耕作する権利
> ③地役権：他人の土地を自分の土地の便益のために利用する権利
> ④入会権：他人の山林の資源を採取する権利
> 　厳密に用益物権といえるのは294条のみ。263条は所有権の一形態

　これとは別に、やはり山林資源採取の目的で、地域住民が山林を共同所有することも入会権とよばれています（263条）。しかし、その実体は、地域住民による山林の総有であって、用益物権ではありません。

▼使用収益だけが認められ、持分移転や、分割請求の余地のない共同所有形態が総有でしたね。

第3編

債権

第3編■債権

債権法の全体像

★★★

15

　人が、**他人に一定の行為をすることを要求する権利**を**債権**といいます。債権を主張する者を**債権者**といいます。

　債権者の要求に応じる側の者を**債務者**といいます。**債務**とは、債権を債務者の側の「義務」という視点で見たときのことばです。

　物権が人の物に対する法律関係だったのに対して、債権は**人の人に対する**法律関係といえます。

　債権の特徴についても、すでに学んだ物権と比較しながら理解するのがわかりやすいでしょう。

	性質	種類	排他性
債権	人に対する、一定の行為を要求する権利	**契約自由の原則**により、種類や内容を自由に決めることができる。	なし。同一人への同一内容の債権が複数存在する。
物権	物に対する、使用、収益、処分などを行う権利。	**物権法定主義**により、種類や内容は、法律に定められた者に限られる。	あり。同一物への同一内容の物権が複数存在することはできない。

　債権の発生原因は、**契約**、**不法行為**、**事務管理**などさまざまですが、**契約が質量共に、最も重要な発生原因**といえます。

　契約自由の原則により、実現が不可能であるとか、**公序良俗**（90条）に違反しない限りは、あらゆる内容の債権を当事者で決めることが可能です。

　モデルやタレントのCM出演契約などで、その商品を日常使用する義務とか、体重を維持する義務などが約定されるのは、契約自由の原則がなければ、到底考えることので

きない債権ですね。

また、排他性がないので、**同じ債務者について両立しない内容の債務も成立してしまいます。**

タレントが、同じ日の13:00に東京で、15:00に大阪で出演する契約をしてしまういわゆるダブルブッキングも、債務としてはそれぞれ有効です。

もちろん、ヘリコプターをチャーターしても間に合わなければ、大阪での債務は実現されないことになります。しかしその場合も、大阪で彼に出演してもらう債権は**損害賠償債権に変わり**、今度は**金銭という方法で債権を実現して**いくことになります。

1……債権の種類

債権は、いろいろな観点から分類できますが、ここでは重要なものをあげておきます。

⑴金銭債権（402条）

債権者にお金を支払うことを内容とするものです。現代においては最も重要な役割をもつ債権といってよいでしょう。

金銭以外の債権が実現できないときは、最終的には金銭債権となって決着をつけることも、ダブルブッキングの例で説明しました。

⑵利息債権

▼利息や賃料を、法定果実といいましたね。

利息の支払いを内容とする金銭債権をいいます。利息債権の内容は**年何%**とか**日歩何銭**という方式で決められるのが通常です。当事者が利率を決めなかった場合は、法律上の利率が適用されます。これを**法定利率**といいます（404条）。

民法上の法定利率は、**年3分＝3%**です。

利息については、消費貸借の項目でさらに詳しく説明します。

なお、法定利率は、利息債権以外にも使われます。たとえば、**交通事故による損害賠償を命ずる判決**は、こんな文

第3編■債権

面で出されます。

判決

[主文]

　被告は原告に対し、金1,000万円及びこれに対する令和3年1月1日より支払済みに至るまで年3分の割合による金員を支払え。

　訴訟費用は被告の負担とする。

　　令和4年○月○日

大阪地方裁判所　裁判官　○○○○

　この場合「年3分の割合」が法定利率を意味することはもちろんですが、これは利息の利率ではなく、**遅延損害**金の率を定めるもので、その本質は履行遅滞による損害賠償債務にほかなりません（419条1項）。

(3)特定物債権

　ジョン・レノンの乗っていた特定のロールスロイスを売却するとか、ピカソの「ゲルニカ」を展覧会に貸し出すなど、**この世に一つしか存在しないもの**を債権の目的とすることをいいます。

　別に偉人の物に限られるわけではなく、**私が今乗っている中古車**を売る場合など、**その物の個性に着目したのであれば、特定物**といえます。

　特定物債権においては、売主は買主に引き渡すまでは傷などがつかないように相当の注意をしなければなりません（400条）。

　しかしこの義務が守られず、仮にゲルニカに傷がついてしまったとしても、**傷がついた物に代わる他のものはない**のですから、それをそのまま引き渡す以外に方法はありません（483条）。

　また、買主に引き渡す前に燃えてしまった場合には、もはやその債権を実現することはできないことになります。

▼これを履行不能といいます。

このような売主の保管や引渡しの義務違反は、最終的にはすべて金銭によって償われるほかないのが、特定物債権の特徴です。

⑷不特定物債権（種類債権）

原油を１万バレル購入するとか、ビールを２ケース注文するなどのように、**債権の目的物に個性がない場合**を、不特定物債権といいます。

現代社会においては、特定物債権よりもこちらの方が、圧倒的に数が多いといえます。

不特定物債権の大きな特徴は、目的物が傷ついたり燃えてしまったりした場合でも、**代わりの物がこの世に存在している**ということです。

したがって、債務者が、債権者に届けようとしたビール２ケースをうっかり全部割ってしまったとしても、ビールというものがこの世に存在している限りは、債務者は**代わりのビールを調達して、債権者に届けなければならない**のです。

①特定物債権＝代わりの物がこの世に存在しない
　したがって、傷がついたり、完全に燃えてしまった場合、
　債務者は債権者に対して、金銭で償うしかない。
②不特定物債権＝代わりの物がこの世に存在する
　したがって、傷がついたり、完全に燃えてしまった場合、
　債務者は債権者に対して、代わりの物を用意しなければ
ならない。

第3編■債権

特定物債権と不特定物債権の違いを理解することは、民法全体の理解にとって極めて重要です。黒板にまとめておきましたので、アンダーラインを引いておくなどして、今後おりにふれて、このページを見直すことができるようにしておいてください。

2……不特定物債権の特定

不特定物債権が、いくら代替がきくといっても、それは債務者の負担で交換を余儀なくされるわけです。

したがっていつまでも債務者にこのような負担を強いることは、当事者の公平の観点からは、好ましくないといえます。

そこで**ある段階で不特定物債権が特定物債権となり、以降はその物が債権の目的物として固定する**ことになっています。

これを**不特定物債権の特定**といいます（401条2項）。

特定は、債務者が物をとりわけて、**履行地においていつでも債権者に渡そうと思えば渡せる状態におく**ことにより完成すると考えられています。

ただし、債務の本旨に従っていない（415条）物をとりわけても特定は生じず、その物が特定物になることもないと考えられます。

そしてそのような不完全な物を債務の履行として給付しても債務は消滅せず、債務者には改めて完全な債務の本旨に従った物を履行する義務が残るわけです。

▼不特定物債権の特定、債務不履行、瑕疵担保責任、危険負担などで、この違いが問題となります。

16……債権の効力

①不特定物債権の特定（401条2項）
・特定以後、不特定物債権は、特定物債権となる。
・「物の給付に必要な行為を完了したとき」に特定が生じる。
・具体的には、債務者が物をとりわけて、いつでも債務を履行できる状態においたときに特定が発生（通説）。
・ただし、債務の本旨に従ったものをとりわけるのでなければ、特定とはならない。
②特定の効果：以後、特定物債権として扱われること。
・善管注意義務の発生（400条）
・以後特定物債権となり、その物が債権の目的物となること（483条）

債権の効力

★★★

16

1……債務不履行

　債務者が、債務を約束どおりに実現しようとしないことを、債務不履行といいます。

⑴履行遅滞

　和泉さんは長島さんに、ピカソの絵を売却することを約束しました。しかし、和泉さんは、準備不足から、約束の5月1日に絵を長島さんに渡すことができず、実際に長島さんが絵を受け取ったのは約束の日から5日後でした。

105

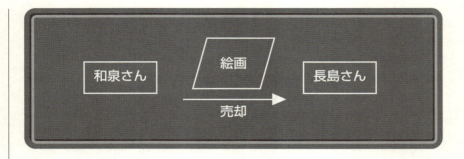

そのために長島さんは、主催する展覧会の初日にピカソの絵を飾ることができませんでした。

このような例を**履行遅滞（りこうちたい）**といいます。債務不履行のもっともよくあるパターンです。

約束された債務の履行の時期を、**履行期**といいます。事例の場合は5月1日ですね。**履行期を過ぎることによって、債務不履行となります。**

▼この事例は、確定期限が履行期と定められていますね。

債務者がいつから履行遅滞に陥るかは412条に定められていますが、非常に重要ですので、黒板に書きます。

---

①期限を決めたとき⇒その期限が到来したときから遅滞。
　(1)確定期限⇒その期日の到来（あたりまえ）
　(2)不確定期限⇒期限到来後に履行の請求をしたとき or 債務者が期限の到来を知ったとき。
②期限を決めなかったとき⇒履行の請求をしたときから遅滞。

とくに、①(2)と②は、間違えやすく重要ですので、必ず条文を確認して覚えてください。この条文は暗記するくらいでもよいと思います。

各種試験にもよく出題されるところですが、頭で理解しただけでは、いざというときに「どっちだっけ」と不安に

▼セリーグの全日程終了のとき、という決め方をするのが、不確定期限だったですね。

16……債権の効力

感じやすいものです。

　和泉さんが履行遅滞について責任を負うのは、履行遅滞について注意を怠ったといえるか、それと同等の事情がある場合だけです（415条1項）。今回のような準備不足は和泉さんの落ち度といえますから、長島さんは和泉さんに対して、お客さんに払い戻さざるを得なかったチケット代金などの損害の賠償を請求できます。

(2)履行不能

　次は履行不能とよばれるものを説明しましょう。

　和泉さんは長島さんに、ピカソの絵を売却し、5月1日に引き渡すことを約束しました。しかし4月30日に和泉さん宅の火災によって、この絵も焼失してしまったとしましょう。

　もちろんこの絵は他に代わりがあろうはずがないもので、特定物債権です。この場合、和泉さんは**この債務を履行することはもはや不可能**です。これを**履行不能（りこうふのう）**といいます。

　履行不能は、**特定物債権についてのみ生じる債務不履行**の類型です。

　一方**不特定物債権については、履行不能は生じません。**和泉さんの債務がビール2ダースの売買だった場合、和泉さんが火災によって焼失したのとは別のビールを調達して、長島さんに引き渡すことは可能だからです。

　和泉さんが責任を負うのは、履行遅滞のときと同様に、和泉さんに落ち度がある場合です。

　和泉さん宅の火災が、隣の家からの延焼だった場合には、和泉さんには落ち度はありませんから、債務不履行は成立しません。

　しかし、和泉さん自身が十分な注意を払っていたとしても、家族やお手伝いさんなどの不注意で出火してしまったとしたら、それは和泉さん自身の責任として、債務不履行責任を負います。

▼第412条〔履行期と履行遅滞〕①債務の履行について確定期限があるときは、債務者は、その期限の到来した時から遅滞の責任を負う。
②債務の履行について不確定期限があるときは、債務者は、その期限の到来した後に履行の請求を受けた時又はその期限の到来したことを知った時から遅滞の責任を負う。
③債務の履行について期限を定めなかったときは、債務者は、履行の請求を受けた時から遅滞の責任を負う。

▼さっそく特定物と不特定物の違いがでてきました。

▼第415条〔債務不履行による損害賠償〕①債務者がその債務の本旨に従った履行をしないとき又は債務の履行が不能であるときは、債権者は、これによって生じた損害の賠償を請求することができる。ただし、その債務の不履行が契約その他の債務の発生原因及び取引上の社会通念に照らして債務者の責めに帰することができない事由によるものであるときは、この限りでない。

107

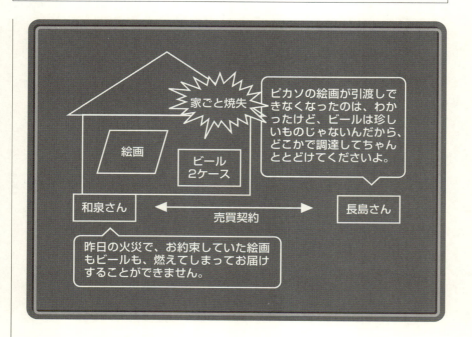

　履行不能による債務不履行の効果は、やはり債権者が被った損害の賠償です。

　この場合、ピカソの絵を入手できなくなって展覧会が中止に追い込まれたとすれば、回収できなくなった費用や見込んでいた利益などが、長島さんの被った損害です。

　長島さんが、展覧会が中止になって、面子がつぶされたとか信用を失ったなどと主張して、慰謝料の支払いを求めたらどうでしょうか。まったく賠償の余地がないとはいえませんが、なんでもかんでも損害に加えるのは、どうだろうかという話になってくるかもしれませんね。

　この際だから、別の取引で受けた損害もなんとか理由をつけて、和泉さんに請求してやれ、なんて考える人も出てくるかもしれません。

　そこで、損害賠償の範囲は、無限定に認められるのではなく、そのような不履行が生じたときは**一般的に生ずるであろう損害に限って賠償責任が発生する**ことになっています（416条）。

▼第416条〔損害賠償の範囲〕①債務の不履行に対する損害賠償の請求は、これによって通常生ずべき損害の賠償をさせることをその目的とする。
②特別の事情によって生じた損害であっても、当事者がその事情を予見すべきであったときは、債権者は、その賠償を請求することができる。

約束を守れなかった人が極悪人というわけではありません。取引やビジネスの世界は、約束を守れるときもあるし、どうしても守れないときも出てきます。

> **損害賠償の範囲**
> ①その種類の取引のときに通常生じる損害が基準。特別、個別の事情による損害は含まれない（416条1項）
> ②特別の事情による損害の発生を債務者が予見すべきであったときは、それも損害賠償に含まれる（416条2項）。

お互い次は逆の立場になるかもしれないということを考慮して、**賠償額が青天井にならないように**考えられているのです。

そういう意味で、損害額の算定は**一般的な事情が基準**とされるのです。ただし、長島さんがピカソの絵を他に転売することを、**和泉さんが知っていたような場合**は、その事情は、一般的な事情ではなくて**特別の事情**といっていいわけですが、損害賠償額に加味されることになっています。

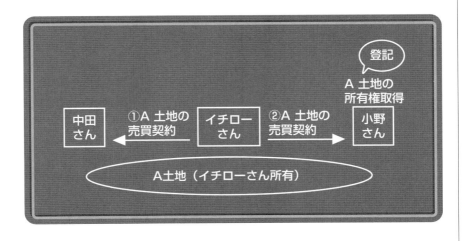

第3編■債権

履行不能の説明の最後に、以前にも出てきた二重譲渡の事例を考えておきましょう。

債権には排他性がないので、中田さんがイチローさんからＡ土地を買う契約をした後に、小野さんがイチローさんから同じＡ土地を譲り受ける契約をすることも、契約としては可能であることは、前に述べました。

しかし、実際にＡ土地の所有権を取得できるのは、中田さんと小野さんのどちらか一人です。

前ページの図のように小野さんが先に登記を済ませてしまえば、Ａ土地の所有権は確定的に小野さんのものになります。

この時点で、中田さんのイチローさんに対する債権は、**履行不能になります。**

Ａ土地は、他に代わる物のない特定物ですし、**小野さんの所有権取得によって中田さんが所有権を取得する可能性はなくなった**からです。

このように、履行不能の「不能」とは、必ずしも滅失や紛失、盗難だけを意味するのではなく、**取引通念上の不可能**をも意味することに注意してください。

したがって事例の場合、中田さんはイチローさんに対して、債務不履行にもとづく損害賠償を求めることができます。

(3)不完全履行

履行遅滞、履行不能と並ぶ、**3つ目の債務不履行の類型**が、不完全履行とよばれるものです。

不完全履行の例として挙げられるのは、こわれたオーディオを債務の履行として給付した場合があります。

この場合オーディオが**不特定物**なら、代わりのものを持ってくるように要求することができます。これを**追完請求権**といいます（562条1項）。

一方、アンティークのようにそのオーディオを**特定物**として購入したのであれば、仮に欠落があっても他に代わりうるものはありませんから、損害賠償請求（415条1項）や、代金減額請求（563条1項）をすることになります。

110

	性質	条文	備考
履行遅滞	期限に遅れて履行がなされたこと。	412条	特定物債権、不特定物債権いずれにも生ずる。
履行不能	履行することが不可能になったこと。	412条の2	特定物債権についてのみ生ずる。
不完全履行	期限どおりに履行がなされたが、履行として不完全であること。	415条1項「債務の本旨に従った履行をしないとき」に含まれる	完全な履行を請求するのが原則。

不完全履行の場合は完全な履行（追完）を請求するのが原則です。追完の方法は、代替物の請求だけでなく、修補請求や、不足分の引渡し請求もできます。追完とあわせて損害賠償を請求することもできます（564条）。

不完全履行については、後述の契約不適合責任を勉強しないと、よく理解できないと思います。さしあたりは履行遅滞と履行不能だけをしっかり覚えて、次に進んでください。

2……履行の強制

⑴履行の強制とは

債権の内容は、一次的には、**債務者自身の自発的な履行**によって実現されることが期待されています。

絵画を交付する、借りたお金を返す、契約どおりに出演するなど、すべて、債権が任意に実現されれば申し分ありませんし、大多数の債権は、約束どおりの履行が行われ、目的を達して消滅します。

しかし、ひとたび自発的な履行がなされないときは、**国**

家が債権の実現に手を貸すことが認められています。これを履行の強制とか、債権の強制的実現といいます。

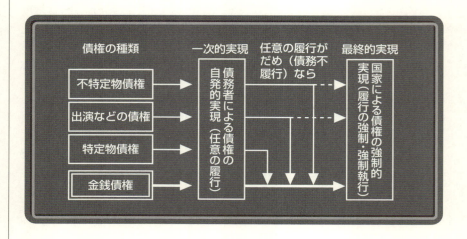

こういうと、なんだか国が一方的に債権者に肩入れして、無理やり債務者に履行を強いるかのようです。

しかし、債務者が任意に履行しないと債権の目的が達成されないというのであれば、それは単なる紳士協定や申し合わせであり、契約の名に値するものではありません。

そして、契約が履行されないときに債権者に対してその実現の助力をするのは、近代国家の最も基本的な役割のひとつです。

国がこの役割を怠っていれば、結局はヤクザや暴力団が、より過酷で無法な強制や取立てを行うことになってしまいます。

したがって債務の強制的実現は、債権者のみならず、不幸にして約束を守れなかった債務者にとっても、人権や人格の尊重を受ける最後の砦としての意味があります。

(2) 履行強制の方法

一番通常かつ基本的な履行の強制は、債務者の財産や給料を差し押さえて、それを債権の弁済に充てるという方法です。

金銭債権は、この方法でもちろん債権が満足されます。

金銭債権以外の債権も、債務不履行でみたように、**最終的には金銭による損害賠償に変わることが多い**のです。

ピカソの絵が焼失してしまった長島さんは、金銭で賠償を受けるほかありませんし、それ以外の場合でも、タレントに出演してもらえないなら、お金でガマンしておこうということもあるでしょう。

もっとも、どうしても**お金には還元できない債権債務**もあります。賃貸借契約が終了した家屋から、**元賃借人が立ち退く義務**などがその代表例です。

この場合は現実に国家によって、賃借人の身体に対し**物理的強制力**が行使されることになります。

具体的な強制実現の方法は、債権の性質に応じて、黒板に記載した3種類が主に使われます（414条）。

どのような債務にどのような手段が妥当するかは、民事執行法によって決められます。

このうち**直接強制**が、もっとも基本的で重要な手段です。

①直接強制：債務者の財産や身体に対して直接強制力を行使する。

②代替執行：債務者に変わって他人が債権を実現し、債務者からは直接強制によって金銭を取り立てる。

③間接強制：罰金などにより債務者に心理的圧力を与えて債務を実現させる。

3……受領遅滞

売買契約では、売主は物を引き渡す義務を負い、買主は代金を支払う義務を負っていますが、それは2つの別々の債権債務が、相対した関係にあるにすぎません。

▼双務契約といいましたね。

物の引渡し債務とか代金支払い債務という、**個々の債権債務それ自体を取り上げてみれば**、債権とは、債権者の一

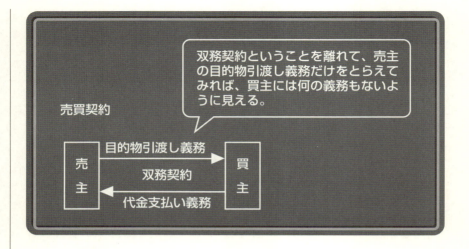

方的な権利と債務者の一方的な義務で成り立っています。

しかし、債務者も、**早く債務を消滅させればその義務から解放される**という利益を持っているので、債務者がなすべきことをなしたのに、債権者が正当な理由なく目的物を受領することを拒んだり、怠ったりすることは、それ自体債権者の責任を生じさせることになります。これを**受領遅滞**といいます（413条）。

受領遅滞の効果については、①債務者の保管義務の軽減（413条1項）、②増加した履行費用の債権者負担（同条2項）、受領遅滞中に当事者の落ち度なしに履行が不能となった場合には債権者の落ち度とみなすこと（413条の2第2項）、が定められています。

この点、通説・判例によれば、債権者の負う「遅滞の責任」とは、**債務者が義務から解放されることを意味している**ので、その内容は結局、後述の**弁済の提供によって債務者が解放される義務とほぼ同じ**です。

受領を拒絶された場合に考えるのが受領遅滞の効果で、履行遅滞による責任追及を免れたい場合に考えるのが弁済の提供の効果と覚えておきましょう。

一方受領遅滞を、債権者の行う一種の債務不履行と考える立場も非常に有力ですので、この立場が主張する受領遅

▼第413条〔受領遅滞〕
①債権者が債務の履行を受けることを拒み、又は受けることができない場合において、その債務の目的が特定物の引渡しであるときは、債務者は、履行の提供をした時からその引渡しをするまで、自己の財産に対するのと同一の注意をもって、その物を保存すれば足りる。
②債権者が債務の履行を受けることを拒み、又は受けることができないことによって、その履行の費用が増加したときは、その増加額は、債権者の負担とする。

滞の効果を一応押さえておきましょう。

> 有力説の主張する受領遅滞の効果
> ①債務者から債権者にする損害賠償請求
> ②債務者からの契約解除
> 　※通説・判例は、上記①②とも否定する。

契約総論
★★★ 17

1……はじめに

　契約当事者双方が互いに相対した債務を負担する場合を、双務契約といいましたね。覚えていますか？　売買契約が代表的な双務契約でした。
　そこで、たびたび出てきた、長島さんと松井さんの自動車売買契約の事例をもう一度見てみましょう。

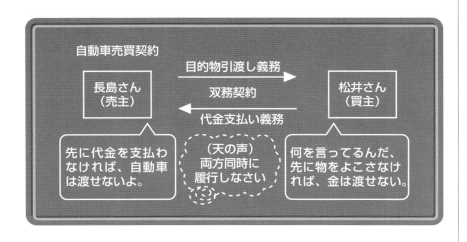

第3編■債権

　二人ともマフィアの麻薬取引のようなことを言っていますね。しかし、「自分が先に履行したら、相手にただ取りされるんじゃないか？」と考えるのは、ある意味自然なことです。

　そこで、民法はこのような場合、**当事者間の公平**のために、**相手が履行するまでは自分も履行しなくてよい**ことを定めました（533条）。これが**同時履行の抗弁権（どうじりこうのこうべんけん）**とよばれるものです。

　具体的には、自分から相手方に債務の履行を請求するには、必ず**自分の債務の履行の提供**をしなければなりません。

　つまり、長島さんが代金を受け取りたいと思えば、自動車を引き渡す準備をしなければならないし、松井さんが自動車を受け取りたければ、代金を支払う準備をしなければなりません。

　反対の当事者から見れば、自分が履行の提供をするのでなければ、同時履行の抗弁権がある間は、債務を履行する必要もないし、債務不履行に陥ることもないことになります。

　以上は、契約によって、当事者の一方が先に履行する義務があることを決めた場合には該当しないことはもちろんです。この場合を**先履行の特約**といいます。

2……危険負担

　危険負担は、債務の消滅と解除、履行不能と債務不履行、原始的不能と後発的不能など、債権法のいろいろな概念が入り混じるところで、最初はなかなか難しいかもしれません。

　いろいろな概念を理解していることが前提となることや、論理的思考力を判断するのにちょうどよいので、大学の期末試験などでよく出されるところです。

　まずは危険負担の定義を覚えてしまいましょう。ここは理屈であやふやに覚えるよりも、暗記してしまったほうが後の理解がぐっと楽になると思います。

116

危険負担とは、
①双務契約の一方の債務が、
②債務者の責任によらずに、
③契約締結後に履行不能となった場合の
④他方の債務の運命
を決定する問題です。

▼契約締結後履行不能となることを後発的不能といいます。

(1)危険負担の効果の見直し

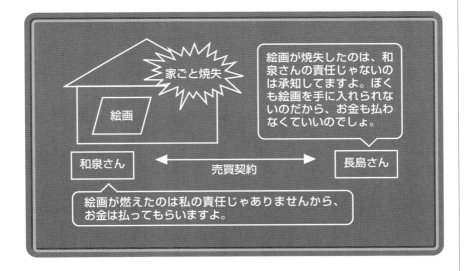

　和泉さんが長島さんに絵画とビール2ケースを売る契約をしていた事例で、従来の制度を踏まえて説明します。
　火災が和泉さんの責任で引き起こされたのであれば、それは債務不履行の問題となるのでしたね。
　一方、隣家からの延焼のように、和泉さんに責任がない場合は、債務不履行の問題は生じません。当然ですね。
　したがって、債務者に責任がないときは、長島さんの絵

第3編■債権

画の引渡し債権は消滅します。

この場合に長島さんは、**絵画を手に入れることはできないにもかかわらず、代金だけは支払わなければならないのか**という問題が従来の危険負担の問題です。

つまり、双務契約のもう一方の債務である代金の支払い債務も、絵画の引渡し債務につれて消滅するのか、それとも単独で存続するのかという問題です。

このあたり、履行不能となった債権自体の問題とカン違いする人が多いので注意してください。

仮に事例の場合、履行不能となった絵画引渡し債権の危険を、その債権者である長島さんが負担するとすれば、反対債権である代金支払い債務は存続し、長島さんは代金を和泉さんに支払わなければなりません。これを、**危険負担の債権者主義**といいます。

一般的には、給付を受けられないのに代金だけ支払わなければならないという**債権者主義は、通常の感覚とは一致しない**と思いませんか。

改正前の民法は事例のような特定物売買において、債権者主義をとっていました。

しかし不合理な結論になってしまう債権者主義には批判が強く、実際にはこの条項を排除する特約がなされることも珍しくありませんでした。

そこで改正法では債権者主義を定めた規定が削除され、長島さんには**代金の支払いを拒む権利**が与えられました（536条1項）。この履行拒絶権が危険負担の効果です。

また、長島さんは代金の支払いを拒めるだけではなく、和泉さんとの売買契約を解除することもできます（542条）。解除してしまえば、代金支払い債務は消滅してしまうので、履行拒絶権を主張するまでもないですね。

▼第536条〔債務者の危険負担等〕①当事者双方の責めに帰することができない事由によって債務を履行することができなくなったときは、債権者は、反対給付の履行を拒むことができる。

⑵**債権者に責任がある場合**

17……契約総論

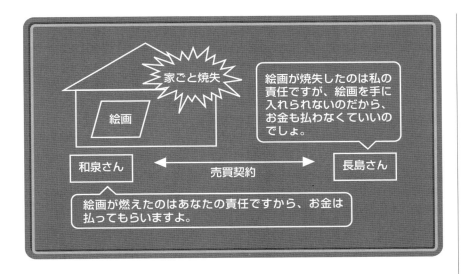

　これまでの復習をすると、和泉さんの責任で絵画が焼失したのであれば和泉さんの債務不履行の問題となり、和泉さんにも長島さんにも責任がないときには、長島さんに履行拒絶権と解除権が認められるのでした。
　では、和泉さんの家を訪れた長島さんの不注意で絵画が焼失した場合はどうなるのでしょう。
　債権者に帰責事由がある場合に、債権者自身が契約を解除して、勝手に契約の拘束から逃れることはできません（543条）。たとえば長島さんが自らの責任で絵画を焼失させておきながら、契約をなかったことにするというのは、誰が見てもおかしいでしょう。
　つまり、長島さんは契約に拘束されるということです。したがって、長島さんは代金の支払いを拒絶することもできません（536条2項前段）。
　和泉さんは絵画の引渡し債務を免れたわけですが、絵画を失ったことに変わりはありませんね。ただし、和泉さんが債務を免れたことにより利益を得た場合には（運送費用など）、その分を長島さんに返さなければなりません（536条2項後段）。

▼第543条〔債権者の責めに帰すべき事由による場合〕債務の不履行が債権者の責めに帰すべき事由によるものであるときは、債権者は、前二条の規定による契約の解除をすることができない。

▼第536条〔債務者の危険負担等〕②債権者の責めに帰すべき事由によって債務を履行することができなくなったときは、債権者は、反対給付の履行を拒むことができない。この場合において、債務者は、自己の債務を免れたことによって利益を得たときは、これを債権者に償還しなければならない。

119

(3)危険負担の問題とカン違いしやすい例

①目的物の滅失等についての危険の移転

危険負担とは、①双務契約の一方の債務が、②債務者の責任によらずに、③契約締結後に履行不能となった場合の、④他方の債務の運命の問題でしたね。

そして危険負担の効果として、債権者が負っている反対債務の履行拒絶権が認められるのでした（536条）。

それでは、次のような場合はどうでしょうか。

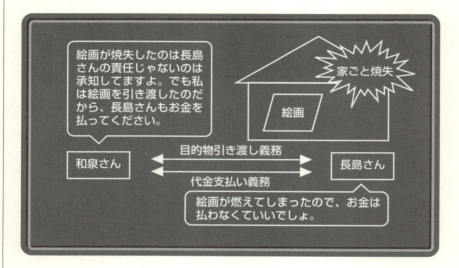

和泉さんが絵画を引き渡したあとに、隣家からの延焼など当事者の落ち度なしに絵画が焼失してしまった場合には、危険負担は適用されません。したがって、長島さんは代金を全額支払わなければなりません（567条1項後段）。

つまり、和泉さんは絵画の「引渡し」によって、目的物の滅失のリスクから解放されるのです。

▼第567条〔目的物の滅失等についての危険の移転〕①売主が買主に目的物（中略）を引き渡した場合において、その引渡しがあった時以後にその目的物が当事者双方の責めに帰することができない事由によって滅失し、又は損傷したときは、買主は、その滅失又は損傷を理由として、履行の追完の請求、代金の減額の請求、損害賠償の請求及び契約の解除をすることができない。この場合において、買主は、代金の支払を拒むことができない。

17……契約総論

②原始的不能

▼117ページ参照。

危険負担の定義の3番目を思い出してください。

契約締結後に履行不能になった場合だけが、危険負担の問題となります。

契約締結時にすでに債権の内容が実現不可能に確定していたときは、債務不履行の問題となります（412条の2第2項）。

したがって、履行不能な契約をしてしまったことに落ち度がある場合には、債務者は損害賠償責任を負います。

先の事例で、ピカソの絵が実は焼失してしまっているのに、和泉さんがそれに気づかず長島さんと契約してしまったとしましょう。このとき、和泉さんに確認不足などの落ち度があれば、和泉さんは損害賠償責任を負います。

> 原始的不能：債務不履行の問題
> 後発的不能：債務不履行か危険負担の問題

③**債務不履行**

▼念のために、債務不履行の要件、効果を確認しておいてください。

これと危険負担を間違える人はあまりいないと思いますが、念のためということと、思考の整理のために確認しておきましょう。

> 危険負担：債務者に責任のない履行不能
> 債務不履行：債務者に責任のある履行不能

まず、債務不履行が成立するのは、債務者に過失やそれと同視できる事情のある場合です（415条）。
　一方、危険負担は債務者の責任に帰すことのできない理由による履行不能でしたね。
　しかも、債務不履行が履行不能となった債権自体の問題であるのに対し、**危険負担は反対債権の運命の問題**です。
　ここでもう一度、危険負担の定義を見直して、できれば暗記してください。
　さあ、危険負担の説明が終わりましたが、どうだったでしょうか？　債権法のいろんな概念がからんで、集大成という感じもありました。したがって、なかなか理解できないのは当然でもありますが、それだけ各種の試験に出題されやすい分野でもあります。
　ここがしっかりとわかれば、民法が暗記科目ではなく理解する学問だということが、何かの栓が抜けたようにわかると思います。
　すぐには成果がでないかもしれませんが、あきらめずにくり返しチャレンジしましょう。

3……契約締結上の過失

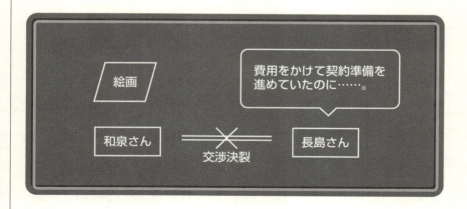

17……契約総論

　和泉さんは、所有するシャガールの絵画を売却しようと思い、長島さんに話を持ち掛けました。時間をかけて契約の交渉をして、売買代金や引渡しの日時、場所、方法などについてある程度の内容がまとまっていました。ところが、長島さんが正式な契約の準備をしていると、急に和泉さんが、やっぱり今回の取引は止めると言い出しました。

　長島さんは期待を裏切られたわけですが、正式な契約を結ぶ前なので、売買契約は成立していません。

　したがって長島さんが代金を支払う義務を負うことがないのは当然ですが、長島さんにしてみれば、契約が不成立となったことで予期せぬ損害を被ることもあるでしょう。

　そもそも、和泉さんから絵画を売ると言われ、それを信じて契約を準備し、締結にこぎつけたわけですから、「やっぱり、止めます」ではすまないという気持ちを抱いたとしても無理はありませんね。

▼民法の条文には、「契約締結上の過失」という文言はありません。解釈上認められる考え方です。

　そこで、このような場合、**契約締結時に際して和泉さんに過失があったものとして、長島さんに対し損害賠償義務を負う**とするのが一般的な考え方です。これを**契約締結上の過失**といいます。

　契約当時者は契約締結に際し、必要な事項を十分に調査、確認し、相手方の利益を尊重する義務があると考えられるからです。

契約締結上の過失
①当事者が契約の締結に向け交渉に入った場合に、
②相互の利益を尊重しなければならないという注意義務。
③契約が成立したと信頼したことについての損害が、賠償の対象となる。

　事例では、長島さんが契約締結の準備のために支出した費用などが、賠償の対象になるでしょう。

123

4……第三者のためにする契約

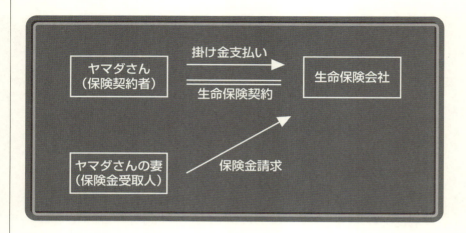

　ヤマダさんが、生命保険会社と、死亡時保険金の受取人を妻とする生命保険契約を結んだ場合を考えてみましょう。**生命保険契約の当事者はヤマダさんと生命保険会社**です。契約にもとづき月々の掛け金を支払うのもヤマダさん自身です。しかしヤマダさんが死亡したとき、ヤマダさんの妻は、生命保険会社に対して、法的に支払いを請求できますし、保険会社が支払いを渋るときには訴訟を起こすこともできます。

　つまり、ヤマダさんと保険会社の契約によって、ヤマダさんの妻は契約当事者ではないのにもかかわらず、保険会社に対する債権を取得するのです。

　このように、契約当事者でない者が権利を取得することを内容とする契約を、第三者のためにする契約といいます（537条1項）。

　第三者のためにする契約では、ヤマダさんの地位を**要約（ようやく）者**、生命保険会社の地位を**諾約（だくやく）者**、ヤマダさんの妻の地位を**受益者**とよびます。

　受益者はあくまでも契約当事者ではありませんから、注意してください。また、受益者は契約の時点で存在してい

なくてもよく（537条2項）、胎児を受益者とすることも可能です。

受益者は、権利を取得するだけとはいっても、自分の知らないところで勝手に自分の地位が決められて確定するのは、あまり気分の良いものではないですね。

そこで、受益者の地位が確定し法的にも諾約者に対して請求が可能になるのは、受益者が諾約者に対して、第三者のためにする**契約の利益を享受する意思表示をしたとき**からとされています。これを**受益の意思表示**といいます（537条3項）。

受益の意思表示がなされるのは、契約成立時である必要はありません。この事例でいえば、ヤマダさんの妻が生命保険金の請求をすること自体が、受益の意思表示だと考えられます。

第三者のためにする契約
①要約者と諾約者を当事者として成立する契約。
②諾約者から受益者に権利を与えることを内容とする。
③受益者は契約当事者ではないが、諾約者に対して権利を
　行使するには、受益の意思表示をすることが必要。

5……契約の解除

▼履行の強制というのでしたね。

債務者が契約を履行しない場合に、債権者が国家の力を借りて債権を実現できることは、前に述べましたね。

しかし債権者によっては、**手間ひまをかけて履行を強制**させるよりは、契約をご破算にした方がよいと考えるかもしれません。

とくに、スピード重視のビジネス社会では、そのような傾向が強いといえます。

そこで債権者に認められた手段の1つが契約の解除で

125

第3編■債権

す。債務不履行のとき債権者は、あくまで**履行を実現する
ことを選ぶか、契約を解除してしまうか、どちらかを選択**
することになります。

> 債務不履行のとき、
> ・強制履行－国家の助けを借りて、債権を強制的に実現
> ・契約解除－契約をご破算にする
> 債権者はどちらかを選択する。

⑴**契約解除をするには**

契約解除をするには、債務者の不履行があることが必要
です。

債務不履行には、3つの形態があるのでしたね。すなわ
ち、履行遅滞、履行不能、不完全履行の3つでした。

履行遅滞と不完全履行は債務者による履行の実現が可能
であるのに対し、履行不能は債務者による履行の実現は不
可能です。この違いから、解除の要件が少し異なってきま
す。それは、**契約解除に先立って、催告（催促）をしなけ
ればならないかどうかの違い**です。

	契約解除の要件	条文
履行が可能	相当の期間を定めて催告をなすこと。※期限に行われなければ意味のない場合は催告不要(542条)	541条
履行不可能	催告不要	542条

126

①催告による解除

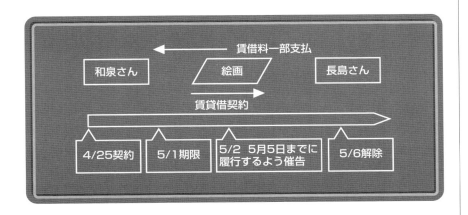

　和泉さんは、自分の所有するピカソの絵画を長島さんに貸し出す契約を4月25日に結び、賃借料の一部を長島さんから受け取りました。絵画の引渡し期日は5月1日としました。

　しかし、和泉さんは他人に貸してあった絵を回収できず、5月1日に長島さんに引き渡すことができませんでした。

　そこで長島さんは5月2日に和泉さんに対し、「5月5日までに絵画を引き渡すように」と**催告**をしました。

　5月5日が来ましたが、やはり和泉さんは絵画を引き渡せませんでした。

　そこで5月6日に長島さんは、この賃貸借契約を解除しました。

　履行遅滞の場合の解除において重要なのは、この例の長島さんのように**「相当の期間を定めて」催告**をすることです。(541条)。

　債務不履行（履行遅滞）に陥ったら、すぐに解除ができるわけではないことに注意してください。試験でもよく出題され、間違えやすいところでもあります。

　催告は口頭でも可能ですが、解除権行使の要件ですので、通常はこのような書面を、内容証明郵便で送付することが多いようです。

第3編■債権

催告書

和泉○○ 殿

貴殿と私との間で締結された、ピカソの絵画「○○の女」（以下、本件絵画という）の賃貸借契約によれば、貴殿は本年5月1日に本件絵画を私に引き渡すことになっています。しかし貴殿は、右期限においてこの義務を履行することを怠りました。よって、改めて本年5月5日までに本件絵画の引渡し債務を履行されますよう、本書面をもって催告します。

なお、5月5日の期限において右債務が履行されないときは、民法541条に基づく解除権を行使する所存であることを申し添えます。

令和○○年5月2日

大阪市○○区○○1丁目2-3　長島 繁男

　不完全履行も「債務を履行しない場合」（541条）に含まれるので、催告による解除が原則です。

　なお、解除とあわせて損害賠償を請求することもできます（545条4項）。解除は債務者に落ち度がなくても可能ですが、損害賠償請求は債務者の落ち度があることも要件となりますので注意しましょう（415条1項ただし書）。

債務者に対してできること／履行遅滞の場合

・損害賠償請求：遅滞となった時点から可能

・契約解除：遅滞となっても、催告をしてからでなければ、解除できない。

▼第541条〔催告による解除〕当事者の一方がその債務を履行しない場合において、相手方が相当の期間を定めてその履行の催告をし、その期間内に履行がないときは、相手方は、契約の解除をすることができる。ただし、その期間を経過した時における債務の不履行がその契約及び取引上の社会通念に照らして軽微であるときは、この限りでない。

例外として、債務不履行が軽微といえる場合には、解除することができません（541条ただし書）。

ピカソの絵の賃貸借の事例で、絵を貸し渡すことは最も主要な債務ですから、その債務不履行は軽微とはいえないでしょう。

催告による解除
・原則：相当の期間を定めて催告し、その期間内に履行がなければ解除できる
・例外：相当の期間経過時における不履行の程度が軽微なとき

②催告によらない解除

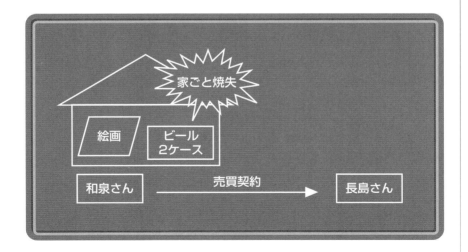

第3編■債権

　和泉さんが長島さんにピカソの絵画の売却を約束したが、絵画が焼失してしまったような履行不能の事例では、催告をせずとも契約解除が可能です。催告する意味はないので、当然ですね。

　気をつけていただきたいのは、不特定物の扱いです。

　不特定物には履行不能という概念がないことは、くり返し述べました。

　絵画といっしょに引き渡すことを約束していたビールが焼失してしまった場合、**履行遅滞にすぎませんから、売買契約を解除するには催告が必要**です。

催告によらない解除（542条1項）
①債務の全部の履行が不能であるとき（1号）
②債務者が債務の全部の履行を拒絶する意思を明確に表示したとき（2号）
③債務の一部の履行不能or明確な履行拒絶があり、残存する部分のみでは契約目的を達成できないとき（3号）
④特定の日時または一定の期間内に履行をしなければ契約目的を達成できないのに、債務の履行がなかったとき（4号）
⑤債務の履行がなく、催告をしても履行の見込みがない場合（5号）

---

(2)**契約解除の方法**

　契約の解除は、相手方に対する意思表示によってなされます（540条1項）。そしてこの意思表示が相手に到達したときに、契約解除の効果が発生します。

▼意思表示は相手に到達したときに効力が生じるのでしたね。

　この意思表示は、口頭でも可能ですが、非常に重要な意思表示なので、通常は次のような書面を内容証明郵便で送付したり、訴訟において行われることが多いようです。

130

解除の意思表示をしたことの証拠を残しておかなければなりませんからね。

契約解除通知書

和泉○○ 殿

貴殿は、私との間で締結された、ピカソの絵画「○○の女」（以下、本件絵画という）の賃貸借契約にもとづき、本件絵画を本年５月１日に私に引き渡す義務を負っていました。しかし貴殿は、右期限においてこの義務を履行することを怠ったばかりか、本年５月５日までの猶予をもってした催告後も本件絵画の引渡し債務を履行しようとしません。

よって私は、本日本件絵画の賃貸借契約を解除する意思を表示し、この書面をもって貴殿に通告いたします。つきましては、民法545条１項の規定に従い、本件絵画の契約関係を原状に復帰するべく、私が貴殿に交付した手附金を速やかに返還することを求めます。

なお本解除は、貴殿の債務不履行により私が被った損害を、改めて賠償請求する可能性を排除するものでないことを念のため申し添えます。

　　　令和○○年５月６日

　　　　大阪市○○区○○１丁目２－３　長島 繁男

⑶契約解除の効果

契約の解除がなされると、その後始末として、各当事者は契約締結当時の状態に**現状復帰させる義務**を負います（545条１項）。つまり、契約によって生じた債権債務は、もともとなかったことになります。

すでに履行がなされた部分については、これを相手に返却するなどの措置をとらなくてはなりません。

もう一度和泉さんと長島さんのピカソの絵の賃貸借の事例に戻りましょう。この事例のように、既に長島さんが賃料の一部を和泉さんに渡しているのであれば、和泉さんは

第3編■債権

これを長島さんに返還する義務を負うことになります。

　次に、契約解除がなされたとしても、あわせて債務不履行による損害賠償請求をすることは可能です（545条4項）。債務不履行による損害は、解除がされると否とを問わず発生しているからです。

　和泉さんは5月1日に履行できなかった時点で履行遅滞に陥っていますから、契約が解除された場合でも5月2日から5月5日までの遅滞について損害賠償責任を負います。

⑷合意解除

　今まで説明したのは、法律の規定によって解除が可能な場合です。これを**法定解除**ということがあります。

　それに対して、当事者が契約の際にあらかじめ、**解除ができる場合を定めておく場合**があります。

　これを合意解除または**約定解除**といいます。

　法律の定めがあるのに、契約で解除について取り決めておくことの大きな理由に、履行遅滞の場合に**催告なしで解除できることを定めることができる**ことがあげられます。

　下記のような条項が、合意解除を定めた条項の例です。

賃貸借契約書

（甲）大阪市○○区○○1丁目2-3　長島 繁男

（乙）京都市○○区○○通○上ル○町　和泉 ○○

1条（目的）本件賃貸借契約は、甲がその所有するピカソの絵画「○○の女」（以下、本件絵画という）を乙に貸し出すことを目的とする。

（中略）

10条（契約の解除）甲が乙に対し、本件絵画を期限に引き渡すことができなかったときは、乙は民法541条の規定に関わらず、催告を要せずして本件賃貸借契約を解除することができるものとする。

　（以下略）

132

債権債務の移転

★★

18

1……債権譲渡

　権利の客体として、3点セットとされるものがありましたが覚えていますか。そう、**①不動産、②動産、③権利**でしたね。これらの権利の客体は、いずれも譲渡が可能という点でも共通しています。

　不動産や動産の譲渡については、今まで数多く議論をしてきました。

　今から説明するのは、債権という権利を他人に譲渡することについてです。図を見てください。

　長島さんは松井さんに、返済期限2017年12月31日の約束で、100万円を貸しました。

　長島さんは2018年になって、何度か松井さんに返済を催促しましたが、松井さんはなかなか返してくれません。

　長島さんは、**借金の取立てが上手だという原さんに、この債権を50万円で売ってしまいました。**

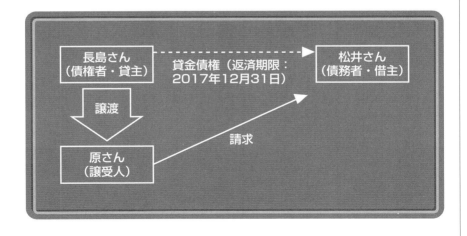

第3編■債権

このようなケースが債権譲渡の例として挙げられます。

すなわち、債権は、債務者の意思とは関係なく、**債権者と譲受人との合意によって譲渡することができます**（466条1項本文）。

もっとも、譲渡できない債権もあります。

譲渡できない債権
①性質上譲渡できない場合
②法律で譲渡が禁止されている場合
③当事者が譲渡を禁止した場合

---

①の例は、債権が**特定の人間関係に依存**している場合です（466条1項ただし書）。

家庭教師を雇う契約とか雇用契約などがその例です。

この場合、雇い主が別の者に教えを受けたり、働いてもらう債権を別の者に譲渡してしまうことは認められていません。

②の例は、年金の受給権であるとか、生活保護手当の受給権などです。これらは、**現実に最初の債権者に給付を受けさせる必要がある**ので、法律によって譲渡が禁止されています。

③は、弁済する相手方を固定するという債務者の便宜を図るものです。これを「譲渡制限特約」といいますが、この特約に反して債権が譲渡された場合であっても、その譲渡は有効です（466条2項）。

ただし、譲受人が譲渡制限特約のことを知っていたか、知らなかったことに大きな落ち度がある場合には、債務者は、元の債権者に弁済すれば債務を消滅させることができます（466条3項）。

これらの理由で譲渡できない場合を除けば、債権も1つ

134

の独立した財産として自由に譲渡することができます。

(1) 債権譲渡の方法

債権の譲渡は、債権者と譲受人の契約によって行われます。債権者の「売ります」という意思と、譲受人の「買います」という意思が合致すればいいわけです。債務者の合意は必要ありません。

しかし、債務者は債権が譲渡されることを必ずしも予期していませんし、誰が譲り受けたのかわからなければ弁済のしようもありません。

そこで、債権者が債権を譲渡した旨を債務者に通知するか、債務者の承諾がなければ、債務者に対する関係では効力を生じないことにしました（467条1項）。

なお、譲渡の通知は、譲渡人＝債権者からなされなければなりません。譲受人から通知がなされても、本当にその人が譲り受けたのか信用できないため、譲受人からの通知には効力がありません。

譲渡人からの通知、または債務者の承諾がない限り、債務者は元の債権者へ弁済すれば債務を免れますし、譲受人からの請求を拒むこともできます。

この通知・承諾の仕組みを債務者に対する対抗要件と呼ぶこともあります。

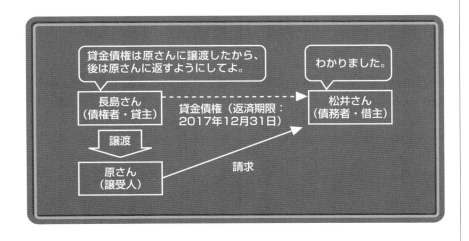

図の事例では、松井さんは、通知が来るまでは、長島さんを債権者として扱い、返済すればよいことになります。

(2) **譲渡の効果**

言うまでもなく、この事例で原さんが貸金債権を取得し、権利を行使できることが、債権譲渡の効果です。

権利の取得には、原始取得と承継取得があるという話を覚えているでしょうか（第2編11．物権変動）。

債権譲渡はもちろん承継取得です。したがって原さんは、長島さんが持っていた権利をそのままの形で取得します。

松井さんは、長島さんからの通知が届く前に何か言い分を持っていたときは、それを原さんに対しても主張することができます（468条1項）。

(3) **債権の二重譲渡**

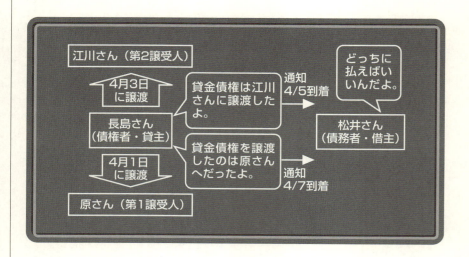

物権と同じように、債権も二重に譲渡されてしまうことがありえます。

物権の場合は、二重譲渡の場合は登記を先に備えたほうが優先されるのでしたね。

債権の場合は登記制度がありません。そこで、**どちらの譲受けについての債権譲渡の通知が、先に松井さんに到達したか**で決着をつけることにしています。

図の事例の場合、債権譲渡がされたのは原さんへの方が早いのですが、債権譲渡の通知が到達したのは、江川さんへの譲渡の方が早いので、江川さんが正当な譲受人となります。

▼債権譲渡の通知を行った日付を明確にする証書を、「確定日付」といいます。

ただし、この場合の債権譲渡の通知は、内容証明郵便など債権譲渡の通知を行った日付が明確なものでなければなりません（467条2項）。

2……債務引受

債権譲渡とは逆に、債務者が変わることを**債務引受**といいます。

引受人と元の債務者の両者が債務を負担する「併存的債務引受」（470条1項）と、元の債務者が債務を免れる「免責的債務引受」（472条1項）があります。

債務者の変更は、債権者にとって重大な関心事ですので、債権者の意向を無視して債務引受を行うことはできません。

したがって、**債権者の同意があることが債務引受の必須の条件**です。

債権の消滅

19

★★

1……弁済

▼金銭の支払いだけが弁済ではなく、出演契約の履行なども弁済です。

債権者と債務者による債権の目的達成行為を弁済といいます。借りたお金を返すこと、売った土地の登記を行うことなどがその例です。最も通常で、原則的な債権の消滅原因といえます。

137

債務者は弁済が完了することによって、一切の債権の拘束力から解放されます（473条）。

(1) **弁済の場所**

弁済場所は、通常は契約で定められることが多いと考えられます。そのような約定がなく、「金を返してやるから取りに来い」という借主と、「ふざけるな、そっちからのしに包んで持って来い」という貸主が対立した場合は、どうしたらいいでしょうか。

弁済場所を決めなかったときは、**債権者の住所が弁済場所**となります（484条）。これを**持参債務（じさんさいむ）の原則**といいます。

(2) **弁済の提供**

弁済は、債務者がまず弁済の**提供**を行い、債権者がこれを**受領**するという、債務者と債権者の一連の行為によって完成します。

債権が消滅するのは弁済が完了したときですが、債務者としては**弁済の提供が終われば、するべきことはしてしまった**ことになります。したがって、弁済の提供の時から、履行遅滞による債務の不履行に基づく責任を免れます（492条）。

実際には債務者としてどの程度の行為をすれば、弁済の提供をしたと認められるでしょうか。

債権にはいろいろな種類があって、弁済に際して**債権者の受領が申し訳程度の意味しか持たないもの**もあります。

19……債権の消滅

貸金とか売買代金の支払いの場合がこれにあたります。

この場合は、債務者としては実際に現金を用意して、いつでも債権者が受け取れる状態におかなければ、弁済の提供があったとはいえません。このような程度の弁済の提供を、**現実の提供**といいます（493条本文）。

これに対し、弁済に際して**債権者の大きな協力が必要な場合**があります。

たとえば登記を移転する債務などでは、債権者側も登記手続の準備が必要ですね。

このような場合は、債務者は**弁済の準備ができたことを債権者に連絡**すれば、有効な弁済の提供となります。これを**口頭の提供**といいます（493条ただし書）。

また、債権者があらかじめ受領を拒絶しているときは、現実の提供を要求するのは無意味なので、口頭の提供で十分です。

①弁済の提供：弁済に向けて債務者がまず行うべき行為。
②現実の提供：原則的な提供の程度。
③口頭の提供：債権者の協力が必要だったり、債権者が受領を拒絶している場合の提供の程度。

(3)第三者の弁済

債務者以外の者が弁済することができるというと、奇妙に聞こえますが、自分が保証人の立場だとしたら、債務者に代わって支払ってしまって、利息の発生や担保の売却を阻止しようと考えるのは当然ですね。第三者の弁済はこのような場合に有効です（474条）。

もちろん、単にお金を支払うような誰でも肩代わりできる債務の場合に限られます。

弁済をした第三者は、本来の債務者に対して支払った金額を請求することができます。これも当然ですね。この第

139

第3編■債権

三者の権利を**求償権（きゅうしょうけん）**といいます。

　債権者が本来の債務者に対して担保や他の保証人を有していたときは、弁済をした第三者はこの担保を行使したり、他の保証人に請求を行うことができます（499条）。これを**弁済による代位**といいます。

(4)受領権者としての外観を有する者への弁済

　債務者が**弁済を行う相手**は誰でしょうか。言うまでもなく債権者ですね。

　債権者以外の者に金銭を支払ったり、物を引き渡したりしても、その弁済は無効です。

　しかしたとえば、債権者でない者が黙って預金通帳と印鑑を持って預金の払戻しに来た場合に、銀行がこの者が真の債権者だと信じて払戻しを行ったとしても、無理もない場合もあるでしょう。

　根拠もなく払戻しを拒めば、逆に債務不履行責任を負うことになるからです。

　そこで、このような**債権者の外観を有する者**に対して、債務者がその者を**過失なく債権者と信じて弁済を行った場合**には、その弁済は有効となります（478条）。

　弁済が有効と認められれば、銀行は真の債権者からの請求に応じて、二重払いを余儀なくされることもありません。

2……代物弁済

　借金を返せなくなったので、代わりに所有する自動車を譲渡して債務を帳消しにするような場合がありますね。このように、当初の債権内容の実現ではないけれども、債権者と債務者が話し合って、**代わりの物の引渡しを行って債権を消滅させることに合意**することを、代物弁済、または代物弁済契約といいます（482条）。

3……供託

　債権者が家賃を受け取ってくれないなど、弁済に協力してくれない場合、家賃を供託所に預けることで、債務を消滅させることができます（494条1項）。

140

真の債権者が誰なのかわからない場合も同様です（494条2項）。

4……相殺

債権者に対して借金の債務を負っている債務者が、債権者に対して別の債権を持っているとき、両債権を対当額で消滅させる意思表示を相殺（そうさい）といいます（505条1項）。

(1)相殺の要件

相殺を行う債務者が負っている債務を**受働（じゅどう）債権**、債務者が他方に対して有する債権を**自働（じどう）債権**といいます。

ただし、相互の債権債務を負担していれば何でもかんでも相殺できるのではなく、一定の要件があります。

▼自「動」債権、受「動」債権ではないので、注意しましょう。

第3編■債権

> ①自働債権と受働債権が同種の債権であること
> ②自働債権と受働債権が共に弁済期にあること（505条
> 　1項）
> ③受働債権が、相殺や差押えを禁止された債権でないこと
> 　（509条、510条）
> ④その他、相殺をしない特約などがないこと（505条2項）

　①については、金銭債権と特定物の引渡し債権を相殺で
きないのは当然のことですね。
　②について、相殺の相手方は自働債権について期限まで
は履行しなくてもよい利益があるのですから、これも当然
のことです。
　③は、たとえば自分が持っている年金の給付債権を、滞
納した電気料金などと相殺されてしまってはたまらないで
しょう。これら福祉的な受給債権や、不法行為による損害
賠償債権などは、現実の給付を受けさせることに意味があ
るからです。
　④は、相殺禁止の特約をすることは、契約自由の原則に
よって有効だからです。
　自働債権と受働債権が①から④の要件を満たすとき、両
債権は**相殺適状**にあるといいます。
　なお、相殺適状が生じると自動的に相殺が行われるので
はなく、必ずいずれかの当事者からの**相殺の意思表示が必
要**です（506条1項）。

(2)相殺の効果
　有効な相殺が行われると、両債権が共に対当額で消滅す
るのはもちろんです。しかも、両債権は**相殺適状発生時に
さかのぼって消滅したとみなされます**。これを相殺の遡及
効といいます（506条2項）。
　相殺に遡及効があるのは、それが**当事者の通常の意思**に

142

合致するからです。

5……更改

それまでの契約を新しい内容の契約に改めることを更改といいます。

プロ野球選手の契約更改などといいますが、あれは契約切れとなる契約を翌年に向けて更新するという意味で、ここでいう債務の消滅原因としての更改とはやや異なります。

ただ、更新に際して契約内容を変更するという意味では、似た面がありますね。

債務の消滅原因としての更改とは、**それまでの契約内容を変更して、新しい内容の契約を成立させること**をいいます。これによって、古い内容の契約は消滅します（513条）。

6……免除

債権者が、債務者に対して、債務の履行を求めない意思表示をすることを免除といいます。免除によって債権は消滅します（519条）。

日常の取引においてはあまり免除が使われることはありませんが、裁判や訴訟外において和解がなされるときには、よく使われます。

7……混同

同じ人物が債権者であり、債務者にもなってしまった場合、その債権は消滅します（520条）。もはや債権を存続させる意味がなくなったからです。これを混同といいます。

父親が息子に金銭を貸していたが、父親が死亡し、息子が単独で相続することになった場合に、金銭債権が消滅するのがその例です。

第3編■債権

> 混同
> 原則：債権者と債務者が同一人に帰属すれば、債権は消滅
> 　　　する。
> 例外：債権が第三者の目的となっているときは、存続する。
> ※物権の消滅原因である混同（179条）もほぼ同様の原
> 　理にもとづく。

　ただし、**父親の死亡前に父親の債権者がこの債権者を差
し押さえていたような場合**は、「その債権が第三者の権利
の目的たるとき」（520条但書）にあたりますので、例外
的に債権は消滅しません。各種試験でよく出題されるとこ
ろです。

契約各論

20

★★

　典型契約という用語については既に説明しました。ここ
からは民法の定める13の典型契約を1つずつ概観してい
きます。
　もちろん契約には非典型契約もありますが、13種の典
型契約はそれなりにわれわれの日常生活を網羅しています
ので、まずは典型契約をしっかりと理解しておくことが重
要だと言えます。

1……贈与

　債務者がある**財産を無償で債権者に与える契約**を贈与と
いいます。財産を与える側を**贈与者**、財産を受ける側を**受
贈者**といいます。
　いわゆる、人に何かをタダであげる行為は、法的に見れ

144

ばすべて贈与契約とその履行だといえます。

しかし多少なりとも重要性をもつ贈与という意味では、土地や家屋などを親族に与える場合が典型的な例だといえるでしょう。

そのような典型的なケースを念頭におけば、贈与も遺言のように書面でなされるのが本来的だともいえますが、民法は契約方式自由の原則を崩すことなく、贈与は**諾成契約**としています。

▼当事者の合意だけで成立する契約を諾成（だくせい）契約といいます。

ただし、**書面によらない贈与は解除することができます**（550条）。

土地を贈与する代わりに病気になったときの面倒を見ることを約束するように、受贈者にも一定の義務が課せられる場合を**負担付贈与**といいます。

ただこの負担は、贈与本体の債務とは、厳密な対価関係にある債務とは考えられていません。したがって、負担付贈与も、通常の贈与と同様片務契約です。

▼同時履行の抗弁権、危険負担などが、「双務契約の規定」です。

しかし、実質的には双務契約に近い性質を持つので、負担付贈与には双務契約の規定が適用されることになっています（553条）。

2……売買

13種類の典型契約の中でも、もっとも重要なのが売買といってよいでしょう。いうまでもなく、われわれの日常生活で、売買ほど身近な契約はありません。

したがって、民法ないし契約全体の理解には、売買の規定の理解が不可欠だといえます。

(1)**売買の成立**

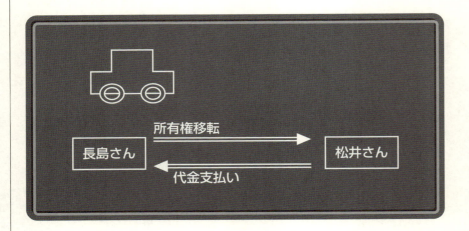

　長島さんが所有する自動車の所有権を松井さんに移転し、これに対して松井さんは代金を長島さんに支払う契約を、売買といいます。
　長島さんの地位を**売主**、松井さんの立場を**買主**といいます。
　売買契約は、長島さんと松井さんの合意のみによって成立しますので、**諾成契約**です。
　また、松井さんは金銭、長島さんは車という財産を、それぞれ支出する契約ですから、売買は**有償契約**です。
　さらに、長島さんの債務と松井さんの債務は、互いに対価関係にあるので、売買は**双務契約**です。
　これらの契約の概念は、なかなか覚えにくいものですが、最も一般的な契約である売買の場合を基準とし、わからなくなったら、常に売買契約の場合を思い出すようにすればよいでしょう。

20……契約各論

> 売買契約の特徴
> ①諾成契約：当事者の合意だけで成立
> ②有償契約：当事者双方が経済的な負担をする
> ③双務契約：２つの債務が互いに対価の関係にたつ

⑵他人物売買

売主が移転を約束する財産は、**自分の所有物である必要はありません**。最終的に売主が財産を手に入れて、買主に移転することができさえすればよいのです（561条）。

まだ移転を約した財産が他人に属する段階で、売買契約が締結された場合、それを売買の予約と考える必要はありませんし、ましてや原始的不能を目的とする契約として無効だとする必要もありません。

⑶売買の効力

売買の最も大きな効力は、目的物の**所有権その他一切の権利が、売主から買主に移転する**ことです。

すなわち売買は、**承継取得が生じる場合の最も典型的な場合**です。

一般に目的物の所有権は、**売買契約成立と同時に買主に移転**すると考えられています。そして、売主は移転した所有権と現実とを一致させるべく、目的物の引渡し義務が生じることになります。

一方買主の義務はいうまでもなく、代金支払い義務です。代金支払い義務と目的物の引渡し義務が同時履行の関係に立つ（533条）ことはすでに述べましたね。

⑷売主の担保責任

売買契約においてひときわ重要なのは、**売った物が契約の内容に適合しなかった場合に売主が責任を負わなければならない**ことです。

147

①契約不適合責任

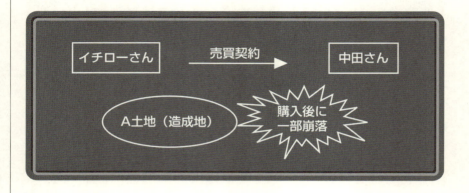

　中田さんは、念願のマイホームのための新興住宅地の造成地を、イチローさんから購入しました。
　ところが、購入後に大した雨風もないのに、造成地の一部が崩れ落ちてしまいました。
　中田さんがイチローさんに文句を言っても「造成業者の責任だから知らない」というばかりです。
　この場合、中田さんはイチローさんに対して造成地の修補を請求でき、場合によっては代金の減額を請求することもできます（562条、563条、564条）。
　中田さんはマイホームのために土地を買ったのですから、簡単に崩落してしまう土地は契約の内容に適合しているとはいえないでしょう。売主であるイチローさんには、契約の内容に適合した土地を引き渡す債務があるので、イチローさんは債務を完全に履行したことにはなりません。
　このように、引き渡された目的物の種類・品質・数量が契約の内容に適合していないとき、買主には追完請求権が認められます（562条1項）。追完の方法には修補や代替物の引渡しなどがありますが、事例の場合には崩れ落ちた造成地の修補を請求することになるでしょう。

▼第562条〔買主の追完請求権〕①引き渡された目的物が種類、品質又は数量に関して契約の内容に適合しないものであるときは、買主は、売主に対し、目的物の修補、代替物の引渡し又は不足分の引渡しによる履行の追完を請求することができる。ただし、売主は、買主に不相当な負担を課すものでないときは、買主が請求した方法と異なる方法による履行の追完をすることができる。

20……契約各論

また、売主による追完がなされない場合には、代金の減額請求が認められます（563条1項）。

確かにイチローさんの言うように、欠陥は造成業者の責任であって、直接イチローさんが引き起こしたわけではありません。

しかし**物を売る約束をした以上は、その物に対して責任を負うべき**だとするのが契約不適合責任の考え方です。すなわち、契約不適合責任は、**無過失責任**です。

▼債務不履行責任と比較してみてください。債務不履行は過失責任でしたね。

②契約不適合責任と債務不履行の関係

ここまでの説明を聞いて、次のA君のような疑問をもたれた方もいるのではないでしょうか。

A君「イチローさんは欠陥のある物を給付したのだから、そもそも債務の本旨に沿った履行（415条）ではないので、債務不履行としての、**履行遅滞ないし不完全履行ではないのか？**」

A君の疑問はまさにその通りで、契約不適合責任が認められる場合でも、債務不履行に基づく損害賠償請求（415条）や、契約の解除（541条、542条）をすることができます（564条）。ただし、債務不履行は過失責任なので、売主に落ち度があることが必要です。

引き渡された目的物に欠陥があったとき
ⓐ**契約不適合責任：①買主の追完請求権、②買主の代金減額請求権**
ⓑ**債務不履行責任：①損害賠償請求権、②解除権**

149

第3編■債権

　買主が契約不適合責任を追及するには、その不適合を知
ってから1年以内に売主へ通知しなければなりません。売
主は物を引き渡した時点で履行を終えたと考えるでしょう
から、このような期間制限を設けています。

　ただし、引き渡した物の数量が不足しているという明ら
かな契約不適合の場合、期間の制限がありませんので注意
しましょう（566条）。

③移転した権利が契約内容に適合しない場合

　事例で、土地に抵当権が設定されていたり、土地に権利
の制限があって、家屋を建てることができなかったような
場合も、売主に契約不適合責任が課せられます。

移転した権利に関する売主の責任（565条）
①追完請求権
②代金減額請求権
③損害賠償請求権
④解除権

　売主には契約の内容に適合した権利を移転する義務があ
りますので、引き渡された目的物の種類・品質・数量が契
約の内容に適合していなかった場合と同様の責任を負うこ
とになります。

　したがって、**売主には債務不履行責任（415条）と担
保責任の両方が成立**します。

　565条かっこ書きの通り、購入した土地の一部が第三
者の所有であったような場合も、契約不適合責任に問われ
ます。逆に、土地の全部が第三者の所有であった場合、契
約不適合責任は問題になりません。それは他人物売買とい
って、売主が所有権を移転できなければ債務不履行となり
ます（147ページ参照）。

▼第565条〔移転した権利が契約の内容に適合しない場合における売主の担保責任〕前三条の規定は、売主が買主に移転した権利が契約の内容に適合しないものである場合（権利の一部が他人に属する場合においてその権利の一部を移転しないと移転しないときを含む。）について準用する。

150

(5)手付金

　小野さんは、ゲームソフト（10,000円）を購入しにパソコンショップに行きましたが、売れ筋ソフトではないのと、価格が高いこともあり、そのショップに在庫はありませんでした。

　そこで小野さんはソフトの取り寄せを依頼し、内金として1,000円をショップに渡しました。

　数日後、ショップからソフトが入荷したとの連絡がありましたが、小野さんはすでにこのソフトを友達と交換して入手してしまったので、1,000円はあきらめるから購入はしない旨をショップに伝えました。

　ところがショップは、「売買契約はすでに成立したのだから、残りの代金を払わなければ債務不履行で訴える」と言い出しました。

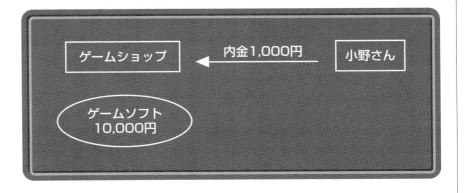

　売買契約に際して**手付金**とか**内金**と称する金銭が買主から売主に渡されることがよくありますね。このような金銭を**手付（てつけ）**といいます。

　手付が交付されたことは、まず、小野さんとショップとの間で**売買契約が成立した証拠**となります。これを**証約（しょうやく）手付**といいます。

　もっとも手付は、より深い意味があってやりとりされるのが通常です。この意味について、事例のように争いが生じることが少なくありません。

第3編■債権

　たとえば、小野さんの意識としては、**手付を放棄すれば売買契約を解除できる**ものと理解しています。このような趣旨の手付金を**解約手付**といいます。

　手付金とか内金が交付されたときは、**解約手付と推定される**ことになっていますので（557条1項）、この事例については、小野さんの主張に合理性があるといえるでしょう。

　もっとも、手付の趣旨は解約手付に限られるわけではありません。状況によってはショップが主張するように、小野さんに対するさらなる請求をすることが可能な場合もあるでしょう。このような手付の考え方を**違約（いやく）手付**といいます。

▼第557条〔手付〕①買主が売主に手付を交付したときは、買主はその手付を放棄し、売主はその倍額を現実に提供して、契約の解除をすることができる。ただし、その相手方が契約の履行に着手した後は、この限りでない。

> ⒜証約手付：契約を締結した証拠。どのような手付金も、常に証約手付としての性質は、最低限持っている。
> ⒝解約手付：手付を放棄すれば契約の解除が可能。相手方も、手付倍返しで解除できる。
> ⒞違約手付：買主の債務不履行のときにとりあえず没収されるが、その他の損害賠償請求も可能。

⑹買戻し

　不動産を売り渡したとき、10年以内に売主が同じ物件を買主から買い戻す特約をいいます（579条）。

　なぜそのような契約をする必要があるのか不思議に思われるでしょう。一般論を言えば、契約自由の原則がありますから、はたから見てその意味が良くわからない契約も、当事者の勝手というほかはありません。

　ただ、わざわざ民法が典型契約の条項中で買戻しを定めて、規制を行っているのには理由があります。

　それは売買契約と買戻し特約の組み合わせが、実質的には債権担保の目的で行われたとき、強い立場にある債権者

に不合理に過大な利益を与えることになるからです。

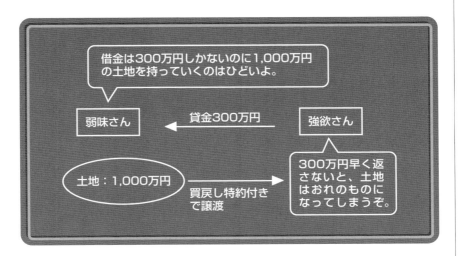

3……交換

　物々交換という言葉は誰でも聞いたことがあると思います。民法の交換の概念も全く同じで、**金銭以外の財産を移転しあう**諾成、有償、双務の契約をいいます（586条）。

4……消費貸借

第3編■債権

　芳賀さんは梅田さんから300万円の現金を借りました。1年後には30万円の利子をのせて、元利合計330万円を返済する約束です。

　事例のような契約を消費貸借といいます（587条）。事例の300万円の貸金を**元本**といい、それを元物とする法定果実を**利息**といいます。

　今日では、消費貸借という言葉は、金銭貸借とほぼ同じ意味で使われていますが、米や味噌、灯油やガソリンなどのいわゆる不特定物も消費貸借の対象となります。**受け取ったものをいったん使用したり運用する**などして、同種の物を返済する点に消費貸借の特徴があります。

	目的物	契約の終了時	有償、無償	諾成、要物
使用貸借	特定物	同じ物を返却	無償契約	諾成契約
賃貸借	特定物	同じ物を返却	有償契約	諾成契約
消費貸借	金銭、米などの不特定物	同種の物を返済	利息付のとき有償契約 無利息のとき無償契約	要物契約・諾成契約

(1)要物性

　消費貸借と他の貸借契約との相違を表にまとめました。

　要物契約とは、合意だけでは契約は成立せず、**物の受け渡しがあったときに成立する契約**のことをいいます。**契約方式自由の原則に対する例外**です。

　消費貸借契約は現実に貸主が元金を借主に渡したときに成立します。消費貸借の合意だけでは、貸主に「現金を借主に渡す」という義務は発生しないのです。

▼諾成契約である賃貸借では、合意によって貸主の義務が発生します。

　一方、現金を渡して契約が成立した後は、貸主には何の義務も残りません。したがって、**消費貸借は双務契約ではありません。**

　なお、消費貸借には合意だけで成立する諾成的消費貸借契約もあり、この場合は書面による要式契約です（587条の2）。

(2)返済期限

借主がいつまでも返さなければ債務不履行となります。

いつまでに返さねばならないかについては、契約で返済期が定まっていれば問題ありません。

契約で返済期限を定めなかったときは、貸主は相当の期間を定めて返還を求めることになります（591条1項）。したがって、**相当の期間が経過しなければ履行遅滞とはなりません**。債務不履行の一般原則と異なるところですので、各種試験でよく出題される重要ポイントです。

▼期限の定めがないときは、「いつでも」履行を求めることができるのが一般原則でした（412条3項）。

(3)利息

事例のように、元の量や金額を超える返済義務を、利息といいます。

今日では利息を取るのがあたりまえのようですが、法律的には、**利息を取るかどうかは、借主と貸主の契約によって決まります。**

利息を取る場合にはその旨を契約で定めなければなりません。**何も定めなければ、無利息の消費貸借となります。**

利息を取ることを定めない場合にも、貸主は法定利率を徴収できるとカン違いしている人がよくいますが、そうではありませんので注意しましょう。

利息を取ることは決めたけれども、**利率を決めなかったときは、法定利率が適用されます。**

▼契約当事者が各自経済的負担をするのが、有償契約でしたね。

利息を取るとき、消費貸借は**有償契約**となります。無利息の消費貸借は**無償契約**です。

(4)遅延利息（遅延損害金）

利息と似て非なるものに**遅延利息**があります。注意しましょう。

事例で芳賀さんが約束の1年後に300万円を返済できなかった場合、返済期限以後もそれまでと同様の割合で元利合計が増えていきます。これを遅延利息または**遅延損害金**といいます。

しかしその実体は、利息のような**法定果実ではなく**、履行遅滞という**債務不履行（履行遅滞）に対する損害賠償**です（419条）。したがって遅延利息というよりは、遅延損害金という言葉を使った方が混乱が少ないかもしれませんね。

遅延損害金の率の決め方は、複雑ですので黒板に書きます。複雑ですが、非常に重要ですのでよく理解してください。

事例の場合は、10％という約定利息がありましたので、遅延損害金の割合も10％になりますね。

クレジットや消費者金融などでは、①の決め方によっているのは、皆さんご承知のとおりです。

> 遅延利息（遅延損害金）の率の決め方
> ①遅延損害金固有の率が契約で決まっていればそれによる。
> 　契約条項の例：借主が期日に返済しないときは、約定利
> 　息の2倍の割合による遅延損害金を支払う。
> ②遅延損害金の率は決まっていないが、利息の利率が契約
> 　で決められているときは、その利率が遅延損害金の率に
> 　もなる（事例の場合）。
> ③利息の利率を決めていなかったり、無利息の消費貸借の
> 　場合は、法定利率（404条）が遅延損害金の率となる。

⑸**利息制限法**

　消費貸借の利息は当事者の合意によって決められます
が、強い立場の貸主が法外な利息を押し付けることがない
よう、**利率の上限が法律で決められている**のは、皆さんご
存知だと思います。

　現在では、利息制限法による利率の上限は、黒板記載の
ように、決められています。

　これを超える借主の金銭の支払いは、**いかなる名目でな
されようとも、無効**です。

> ①元本10万円未満　　　　　　年20%
> ②元本10万円〜100万円未満　年18%
> ③元本100万円以上　　　　　　年15%

　ただ、皆さんが疑問に感じると思うのは、街で受け取る
クレジットや消費者金融のティッシュの裏面には、これよ

第3編■債権

りも高い利率が決められていることが多かったですよね。

　厳密にいえば、それらの利率はすべて利息制限法に反しているのですが、利息制限法は私法の規定なので、実際に**裁判になった場合に初めて意味を持つ**ことになるわけです。裁判になれば、裁判所は利息制限法の範囲内で判決を下します。

　民法という視点からはやや外れますが、**公法的な利息の規制**として、**出資法**（正確には「出資の受入れ、預り金及び金利等の取締りに関する法律」）という法律があることをご存知の方もいるでしょう。

　これは法外な利息を取る業者を**刑罰で取り締まる**法律です。現在は金融業者が年20％を超える利息を取ると、罰せられます。

　したがって、通常は出資法の範囲内の利息を受け取り、裁判になれば利息制限法の利率でがまんする、というのが貸金業者のあり方となってきたのです。

　借りる方としても、貸金業者に対して「利息制限法の範囲でしか支払いません」などと宣言したら、以後お金を貸してくれる業者はいなくなってしまいますから、ある意味ではやむを得ず、利息制限法以上の金利を支払ってきたのだといえます。

　ただ、債務者が破産するかどうかの瀬戸際になったら、もはやそのようなことは言っていられないでしょう。

　たとえば、ある多重債務者の借金整理を依頼された弁護士が、利息制限法の制限利息を超えて支払われた利息を回収するために、貸金業者十数社に次のような内容の書面を送付したところ、返還された額はゆうに数百万円を超えたという話もあります。

　最近は裁判所の判決も、このいわゆる「過払い金」の返還請求をする側にとって非常に有利な傾向になりましたので、過払い金請求の事例は増えています。

▼私人間の関係を律するのが私法、国や公共団体との関係が公法でしたね。

```
                    通知書
株式会社○○金融
代表取締役　○○○○殿


前略　私は貴社との間で金銭消費貸借契約を締結した
弱田三蔵氏から債務整理の委任を受けた弁護士の○○
○○と申します。
　さて当職が、弱田氏の貴社からの借入を調査したと
ころ、別紙計算書のとおり、金38万3543円が、利
息制限法の定める制限利息を超え過払いとなっている
ことが判明いたしました。
　つきましては、本書面到達より7日以内に、右過払
利息を、別紙記載の当職名義の銀行口座に振り込む方
法により返還されたく、ここに通知いたします。
　右期限内に振込みがなされない場合には、任意の返
還の意思なきものと認め、訴訟の提起を含めあらゆる
法的手段を行使する所存であることを念のため申し添
えます。
                                        草々

令和○年○月○日
大阪市○○区○○2丁目3番4号　○○○○
                        弁護士　○ ○ ○ ○
```

⑹債権の担保

　消費貸借契約は双務契約ではないので、貸主には同時履行の抗弁権などはありません。

　そこで、貸主が借主による履行（返済）を確保するための担保手段が、民法には多く定められています。

　これらについては、後に第4編「債権の履行確保」で説明していきます。

第3編■債権

5……使用貸借

　市立図書館で本を借りたり、**好意で**居住用に家を貸すなど、特定の物を**無償で借り**、その物を返すことを内容とする契約が使用貸借です。

　消費貸借の項目で見たように、使用貸借は、諾成、無償、片務の契約です。

▼賃貸借は、諾成、有償、双務契約です

　借主は、定まった用法で目的物を使用し（594条）なければなりません。

　また、借主は**通常生ずる必要費を負担**します（595条）。

　これは賃貸借と異なり、**借主は使用の対価を支払わない**からです。

▼あまり難しく考えずに、普通に考えれば、当然ですね。

	通常の必要費	返済時期を決めなかったときの、借主の返還義務の発生時期
使用貸借	借主の負担 （595条）	使用の目的を終えて契約が終了したとき （597条2項）
賃貸借	貸主の負担	解約通知をしてから、法律の定める期間によって発生
消費貸借	なし	相当の期間を定めて返還を求め、その相当期間経過後に発生

　貸借期間が終了するか、または使用の目的を終えたときは、使用貸借が終了し、借りた物を返還しなければなりません（597条）。

6……賃貸借

　梅田さんは、自分の持ち家を芳賀さんの居住用に貸しています。期間は2年間で、家賃は月額10万円です。

　この事例のように、**ある物を他人に使用収益させる**対価として**賃料を受け取り、契約が終了したら物を返還しても**らう契約を、賃貸借といいます（601条）。

20……契約各論

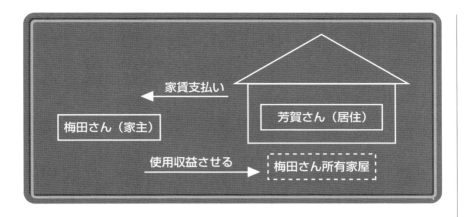

　賃貸借は、当事者の合意だけで成立する**諾成契約**です。
　また賃借人の賃料支払い義務と、賃貸人の使用収益させる義務は、対価的な関係にあるので、**有償**、**双務**の契約です。このことは、消費貸借のところでも、少し述べましたね。
　さらに賃貸借は、売買や贈与のように、引渡しと支払いが済めば終了する契約ではなく、**物を借りている間はずっとそれぞれの債務の履行が継続する契約**であることが特徴です。

▼日本の場合、土地と建物が別個の不動産なので、賃貸借の法律関係が複雑になります。

　また、土地や家屋が目的物となることが多く、賃借人にとっては賃貸借契約の存続がそのまま**生活の基盤**となるため、**契約期間**や**契約の終了**が非常に重要となります。
　すなわち賃貸借は、**居住を目的とする場合とそうでない場合**で、取扱いが大きく異なります、まずは居住を目的としない賃貸借を概観し、その後に居住を目的とする賃貸借を見ていくことにしましょう。

(1)**契約期間**

▼契約で期間を定めたか否かは、あらゆる賃貸借およびその特別法の理解において、非常に重要です。

　賃貸借には、**賃貸期間が契約によって決められている場合**と、とくに**賃貸期間を決めずに貸す場合**とがあります。前者を**期間の定めのある賃貸借**、後者を**期間の定めのない賃貸借**といいます。

第3編■債権

①期間の定めのある賃貸借：契約で賃貸期間を決めた場合
②期間の定めのない賃貸借：契約で賃貸期間を決めなかった場合

	期間の定めをする場合	期間の定めがない場合
使用貸借	当事者の合意による（597条1項）	通常の使用の目的に必要な期間存続（597条2項）
賃貸借	当事者の合意によるが、50年を超えることはできない（604条1項）	解約申入れ後、法律の定める期間の経過により終了（617条）

(2)賃貸人の義務

目的物を賃借人に引き渡し、使用収益させることです。使用収益のために必要な、保存、修繕などの義務も負います（606条）。

▼使用貸借では、通常の保存や修繕は、借主が行うのでしたね。

(3)賃借人の義務

賃料支払い義務（614条）、**無断譲渡や無断転貸をしない義務**（612条）、**賃借物の目的に従った使用収益を行う義務**（616条）が、主なものです。これらの義務に対する違反は、いずれも重大な義務違反として、賃貸人による解除の理由となりえます。

無断譲渡、無断転貸とは、賃貸人の了解を得ないで、賃借物を他人に使用させることをいいます。

162

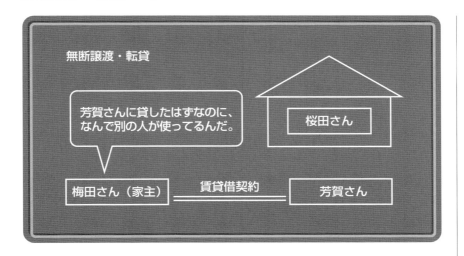

　また、無断で賃借家屋に**増築や改築**をすることは目的外の使用といえ、用法遵守義務違反となります。

賃借人の重要義務
①賃料支払い義務（614条）
②無断譲渡、無断転貸をしない義務（612条）
③賃借物の目的以外の使用収益をしない義務（616条）

(4)賃貸借の終了

　期間の定めのある賃貸借も、期間の定めのない賃貸借も、**期間の満了**や**適法な当事者の申し入れ**があれば、終了するのはもちろんです。

　先に述べた、賃貸人や賃借人の義務違反があれば、他方の当事者は債務不履行や解除の一般原則（541条）によって、**催告をしたうえ**で契約の解除をすることができます。

▼無断譲渡、無断転貸は、612条によって無催告解除できます。

　ただし、**解除の遡及効はありません**（620条）。賃貸借のような**継続的な契約**が最初からなかったことになった

第3編■債権

ら、すでに支払った家賃を返さなければならなくなって、おかしなことになりますよね。

(5)賃貸借の更新

期間の定めのある賃貸借の**契約期間が満了**したら、当事者はさらに合意によって賃貸借を延長したり更新したりすることもできます。

その際に、契約期間や賃料などの契約条件を見直すこともよく行われますよね。

明白に更新契約といえる行為がなされない場合でも、**賃貸人が異議を述べなければ**、賃貸期間以外は同じ条件で、新たに契約がなされたものと**推定**されます（619条1項）。これを**黙示の更新**といいます。

黙示の更新が認められるのは、それが賃貸人の通常の意思に合致するからです。ただし、**みなし規定ではなく推定規定**ですので、反証は可能です。

なお、**黙示の更新後は、すべて期間の定めのない賃貸借**となります（619条1項後段）。

▼借地借家法の法定更新とは異なりますので、気をつけてください。

(6)借地借家法による民法の修正

居住を目的とする不動産の賃貸借の場合には、以上の民法の賃貸借の規定は、借地借家法という特別法によって、大きく修正されています。

これは、前にも述べたように、不動産の賃貸借が居住目的で行われたときは、それが賃借人の**生活の基盤**となるので、この場合**なるべく賃貸借を存続させる**ことが政策的に必要だからです。

164

	民法の賃貸借	借地借家法（普通借地借家契約）
契約期間（借地契約）	最大50年	30年以上。期間を定めなかったときは30年（借地借家法3条）
期限の定めのない賃貸借の解約方法（借家契約）	当事者の申し入れ後、一定期間経過で契約終了	賃貸人からの解約には正当事由が必要（借地借家法28条）
契約更新	黙示の更新制度があるが、反証可能	法定更新制度があり、賃貸人は正当事由がなければ更新拒否できない（借地借家法6条、26条1項）

①まず、居住目的の土地賃貸借に、期間の上限はありません（借地借家法3条）。30年未満の短い期間を定めても無効で（借地借家法9条）、期間は30年になります。

②期限の定めのない借家契約の**申し入れによる途中解約は、「正当事由」**ある場合に限定されます（**借家の場合**。借地借家法28条）。

③契約更新については、黙示の更新制度がさらに強化され、反証を許さない「みなし」規定になるとともに、**更新拒絶についても「正当事由」が必要**です（借地借家法6条、26条1項）。これを**法定更新**といいます。

普通借地借家契約では、「正当事由」の存在が、契約存続の決め手となります。「正当事由」とは、賃貸人が自ら利用する必要性、立退き料の提供の有無や金額、家屋の老朽化の程度、賃借人とその家族の居住状況、賃料の支払い状況などを総合的に判断して、賃貸借契約を終了させたとしても正義に反しないことをいう、と考えられています。

第3編■債権

> 借地借家法の思想（普通借地権・普通借家権）
> ①対等の市民法原理ではなく、弱者保護の思想
> ②借地契約、借家契約の存続を保護
> ③やむをえず契約を終了するときは、それが正義に反しな
> いかを「正当事由」の有無として判断。

(7)判例による民法の修正

　借地借家法は、主に借地借家**契約の存続期間や契約更新**
という局面で、賃借人を保護しようとする制度でした。

　賃借人がその地位をおびやかされる場面がもう1つあり
ます。それは**賃借人の義務違反**を理由とする、賃貸人によ
る解除の場面です。

　賃借人の重要義務をもう一度思い出してください。

> 賃借人の重要義務
> ①賃料支払い義務（601条）
> ②無断譲渡、無断転貸をしない義務（612条）
> ③賃借物の目的以外の使用収益をしない義務（616条）

　賃借人にこれらの義務の違反があれば、催告の要否は別
として、民法の一般原則に従って契約の解除が可能なので
したね。

　しかし、**杓子定規に解除を認めると、やはり賃借人の生
活基盤がおびやかされる**ことになるので、判例は、これら
の義務違反があっても「**背信と認めるに足りない特別な事
情があるときは、解除権は発生しない**」とする、いわゆる
信頼関係破壊の理論を発展させてきました。

もっとも賃借人の義務のうち、①の**賃料支払い義務は最も基本かつ重要な義務**ですので、信頼関係破壊の理論がそのまま適用されるかについてはなお不確定な要素があります。これに対し②および③の義務違反については、信頼関係破壊の理論が判例上ほぼ定着したといわれています。

ここで、特別法（借地借家法）と判例による、民法の市民法原理の修正をもう一度おさらいしましょう。

①**借地借家法による修正＝解約、更新拒否の制限**
　⇒**正当事由**
②**判例による修正＝賃借人の義務違反による解除の制限**
　⇒**信頼関係破壊の理論**

(8) **その他の賃貸借の問題**

①**賃借権の対抗要件**

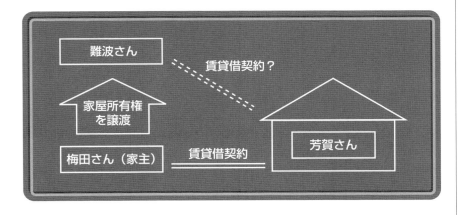

第3編■債権

　賃貸人の梅田さんが、芳賀さんに賃貸している所有家屋を、難波さんに譲渡してしまったとき、芳賀さんの賃借権はどうなるのでしょうか。

　賃借権が債権であることからすれば、**難波さんが取得したのは家屋の所有権にすぎません**から、賃貸借契約に拘束されるいわれはありません。

　すなわち売買によって、**芳賀さんの賃借権は事実上消滅**することになります。これを「**売買は賃貸借を破る**」といいます。

　ただ、賃借権は債権とはいえ、**物に対する利用権としては物権に近い**ものがあります。そこで、**賃借権を物権と同様に登記したときは、賃借権は対抗力を持つ**ことが認められています（605条）。

　事例において、もし芳賀さんが賃借権を登記していれば、新所有者である難波さんに対しても、賃借権を引き続き主張できることになります（605条の2第1項）。

　ただ、技術上の理由から賃借権の登記は今日ほとんど行われることはありません。

　そこでここでも民法の特別法である借地借家法が登場します。この法律では**対抗要件を緩和**して、土地や家屋の売買から賃借人を保護しています。

▼梅田さんと難波さんの間で、債権譲渡（賃貸人の地位の譲渡）が行われたわけではないことに注意してください。

▼第605条〔不動産賃貸借の対抗力〕不動産の賃貸借は、これを登記したときは、その不動産について物権を取得した者その他の第三者に対抗することができる。

借地借家法による対抗要件
ⓐ借地権：借地上の建物の登記（借地借家法10条1項）
ⓑ借家権：建物の引渡し（借地借家法31条）

　黒板に書いたように、賃借人が借地上に建てた建物を登記したり、借家人が実際にその建物に居住しているときは、新所有者に対しても賃借権を対抗できます。

　「対抗できる」とは、**新所有者に対して自分が賃借人であることを主張できる**ことです。

20……契約各論

事例でいえば、難波さんは芳賀さんを賃借人として扱わなければならず、一方芳賀さんは、難波さんを賃貸人として賃料などを支払うべきことを意味します。

②賃料の増減

賃貸借契約の賃料は、当事者の合意で決定され、更新時に見直されるのが原則です。

しかし、居住を目的とする賃貸借の場合は、現行賃料に不満のある当事者は裁判所に**適正賃料の決定**を求めることができます（借地借家法11条、32条）。

③建物買取り請求、造作買取り請求

借地契約が終了した場合に、賃借人だった者は賃貸人に対し、借地上の建物の時価での買取りを求めることができる場合があります（借地借家法13条等）。これを**建物買取り請求権**といいます。

また、借家契約の終了のとき、賃借人だった者は自分が家屋に備え付けた畳、建具、設備などを時価で買い取るよう、賃貸人に求めることができます（借地借家法33条）。これを**造作（ぞうさく）買取り請求権**といいます。

④定期借地・定期借家

今まで見てきたように、居住を目的とする不動産の賃借権は、借地権、借家権という形で、かなり手厚く保護されています。

ただ、これが賃貸人にとっては大きな負担でもあり、銀行ではありませんが不動産所有者の「貸し渋り」とでもいうような状況が出てきたとも言われています。そのような理由のもとに新設されたのが、**定期借地借家権**というものです（借地借家法2章4節、3章3節）。

その制度の骨子は、**契約の更新を認めず、当初定めた契約期間の満了をもって、借地借家契約が終了する**というものです。

▼定期借地、定期借家については、立法論的な異論も多く、本当に賃貸物件の供給増につながるのかは、今後見守る必要があります。

169

第3編■債権

7······雇用

他人の指揮監督下で労務を行い、報酬を得ることを目的
とする契約を雇用といいます。

売買や賃貸借のように物が媒介とならない、純然たる人
と人との契約です。

雇用契約の当事者の呼び方にはいろいろな通例がありま
すが、ここでは民法の条文にならって、雇い入れる側を**使
用者**、雇われる者を**労働者**とよぶことにします。

類似の典型契約には、請負や委任がありますが、次のよ
うな点で異なります。

	従事する仕事	補助者の使用
雇用	雇用者の指揮命令下で作業に従事。被用者の裁量は少ない。	原則として許されない。雇用者の指揮監督に服する必要があるから(625条2項)。
請負	請負人の裁量によって注文された仕事を完成させる。	仕事を完成させさえすれば、誰を使おうと構わない。
委任	受任者の裁量は大きいが、もっぱら完成という概念のない事務処理的な仕事。	原則として許されない。委任者との信頼関係が大切だから。

雇用契約も、賃貸借と同じようにわれわれの**生活基盤**と
なる継続的な契約ですので、雇用期間や雇用契約の終了が
重要な問題となります。

雇用も賃貸借と同じように、**契約で期間を定める場合**と、
契約で期間を定めない場合とがあります。期間を定める場
合は、5年以内の範囲で定めるのが民法上の原則です
(626条)。

170

	期間の定めあり	期間の定めなし
雇用	やむを得ない事情があるときは解除できる（628条）。	解約申入れをしてから、一定期間後に終了（627条）。

労務者が受け取る報酬は、労務の給付後でなければ請求できません（624条）。これを**賃金後払いの原則**といいます。

その一方でこれら賃金債権は、先取特権（306条2号）によって保護され、差押えや相殺が禁止されるなどの配慮を受けています。

以上の民法の雇用契約の規定は、特別法によって、大幅な変更を受けています。

いうまでもなく、雇用契約が生活の基盤であることに配慮したものです。**労働基準法**、**労働組合法**などからなる一連の特別法を**労働法**といい、民法とは別個の法分野として考察の対象となります。

8……請負

請負契約といわれて、身近で思いつく例は何かあるでしょうか。

家の建築、改修のような工事的な物ばかりを想像しがちですが、そのほかにも、理容、美容、クリーニング、音楽の演奏、司会、講演なども請負契約の例です。

意外と幅広く請負契約が行われていることに驚くでしょう。

請負契約を定義すれば、**ある仕事を完成させ**、それに対して報酬を与えることを内容とする契約ということになりますが、仕事の内容は**形の残るものに限られるわけではない**のです（632条）。

仕事を依頼する人を**注文者**、仕事を完成する人を**請負人**といいます。

第3編■債権

　請負人が履行補助者を自由に利用して構わないことは雇用のところで述べましたね。

　請負契約は諾成、有償、双務の契約です。

　請負契約の中心的な問題は、①完成した物の所有権の帰属、②瑕疵担保責任、③仕事の滅失、の3つだといってよいでしょう。

請負の論点
①完成した物の所有権の帰属（注文者への引渡し前）
②請負人の担保責任：売買の規定を準用
③危険負担：契約の一般規定の特則

⑴完成した物の所有権の帰属

　たとえば、家屋の建築を依頼した場合、完成してから注文者に引き渡すまでの間は、注文者と請負人のどちらに所有権があるのかという問題があります。

　この問題は民法には規定がないので解釈によるしかありません。

　常識的な感覚からすれば、完成した後だろうと、建築中だろうと、注文者の所有物であるような印象もありますよね。

　しかし、判例は**完成した建物はいったん請負人の所有に属し、引渡しによって注文者に移転する**と考えています。

　家屋の建築では通常、請負人が建築資材を準備することと、代金の支払い確保が考慮されているようです。

⑵請負人の担保責任

　完成した仕事に欠陥があった場合には、注文者は請負人に対し、瑕疵の修補請求（559条、562条1項）、損害賠償請求や契約解除（559条、564条）を行使できます。

　請負に特有の問題として、欠陥の原因が注文者の指示な

20……契約各論

どによる場合は、請負人の責任は軽くなります（636条）。

(3)仕事の滅失

建築した家屋が、引渡し前に落雷で全焼してしまった場合、危険負担の債務者主義によれば、請負人の報酬請求権は消滅するのが原則です（536条）。

もっとも、再び仕事を完成させることができる場合には、仕事の完成後に報酬を請求できます。

9……委任

委任は、雇用、請負とならぶ**労務供給型契約**の１つです。雇用や請負との違いについては、雇用の項目で既に触れました。

委任契約は、**法律行為を行うことを委託**することを内容とする契約です（643条）。

広い意味では、**法律行為以外の事務処理**の委託も含みます。これを**準委任**といいます（656条）。

弁護士や医師への依頼は、典型的な委任契約ですが、身近なところにも委任契約はたくさん存在しています。

たとえば、準委任を含めれば、買物に行ってもらうとか、切符の手配をお願いするようなことも、委任契約の内に入ります。

法律行為や事務を依頼する者を**委任者**、事務を受託した物を**受任者**といいます。

受任者には報酬が与えられる場合と無報酬の場合があります（648条１項）。

報酬がある場合は、有償、双務の諾成契約であり、**無報酬の場合**は無償、片務の諾成契約となります。

委任契約の締結に際しては代理権が授与されることが多いものの、**委任と代理権とは、一応別個の概念**であることを頭に入れておいてください。

(1)受任者の義務

受任者の義務として最も中心的かつ重要なのは、「善良な管理者の注意をもって事務を処理する」義務です

▼不可抗力で消滅した債権の、双務契約上のもう一方の債権の運命が、危険負担の問題でしたね。

▼準委任にも委任の規定が適用されますので、厳密に区別する実益はありません（656条）。

173

第3編■債権

（644条）。**善管注意義務（ぜんかんちゅういぎむ）**とも
いいます。

善管注意義務の内容は、委任契約の内容、受任者の職業、
地位によって具体的に決められますが、一般論としては、
かなり高度な注意義務だと考えておいてください。

▼特定物債権の債務者に
も、善管注意義務が求めら
れていました（400条）。

> 善管注意義務：
> その人の職業、社会的地位、担当業務によって決められる、
> 社会通念上必要とされる注意義務

委任契約では、次の寄託契約と異なり、**有償であるか無償
であるかで受任者の義務の程度に差がない**のが特徴です。

前にも述べましたが、受任者は、委任者の承諾なく履行
補助者を使用することはできません。これは委任契約が**委
任者と受任者の信頼関係を基礎としている**からです。

(2)委任者の義務

受任者に対する報酬は特約がなければ支払う必要がない
ことは、既に述べました。

しかし、事務処理に必要な費用はあらかじめ渡しておか
なければならず（649条）、受任者が立て替えて支払った
費用は、委任者が負担しなければならないことは当然です
（650条1項）。

また、事務処理に際して、受任者が過失なくして被った
損害を賠償する義務があります（650条3項）。

(3)委任の終了

委任契約は、委任者と受任者の個人的な信頼関係にもと
づいているので、双方はいつでも委任契約を終了させるこ
とができるのが原則です（651条1項）。

174

10……寄託

　物を預けて保管してもらう契約を寄託（きたく）といいます。駅の有人手荷物預かり所や、**ホテルのクローク**などが、寄託契約の例ですね。

　一方コインロッカーや銀行の貸し金庫などは、単に保管場所を提供するだけで、債務者が保管に対して責任を負うわけではないので、寄託契約ではありません。

　物の保管を依頼する人を**寄託者**、物を預かる人を**受寄者（じゅきしゃ）**といいます。

　寄託契約は、保管の委託とその承諾よって成立するので、**諾成契約**です。

　民法上は無償の寄託しか規定がありませんが、有償寄託も契約として可能です。駅の手荷物預かり所などは有償寄託の例ですね。無償の場合は片務契約、有償の場合は双務契約となります。

(1)受寄者の義務

　受寄者が保管義務を負い、一定の注意義務を払わなければならないのは当然です。しかし**委任と異なり、無償の場合は注意義務が軽くなっています**。

　また寄託者の承諾がなければ、寄託物を使用したり、第三者に保管させることはできません（658条1項）。

	有償	無償
委任	善管注意義務（644条）	善管注意義務（644条）
寄託	善管注意義務（400条）	自分の財産に対するのと同程度の注意義務（659条）

(2)寄託者の義務

　寄託者は、委任者とほぼ同じ義務を負います（665条）。

第3編■債権

(3)寄託の終了

　寄託契約は、もっぱら寄託者の便宜のためにありますか**ら、寄託者の側からはいつでも終了させることができます**（662条1項）。

　受寄者の側からは、期間の定めのない寄託の場合は随時（663条1項）、期間の定めのある場合でもやむをえない場合は寄託契約を終了させることができます（663条2項）。

(4)消費寄託

　ここでみなさんに質問をしてみましょう。**銀行預金**は、何契約だと思いますか？　「預金契約」と言わないでくださいよ。13種の典型契約のどれにあたるのかという意味です。

　多くの方は消費貸借契約と答えるのではないでしょうか。

　これは半分正解だといえます。一定期間引出しのできな**い定期預金**は、消費貸借契約だと考えられています。

　これに対して、いつでも自由に引き出すことのできる**普通預金**については、**消費寄託契約**だと考えられています（666条）。

　消費寄託とは、寄託の目的物が代替物で、受寄者は同種の者を寄託者に返還すればよいとされる寄託契約のことをいいます。

176

11……組合

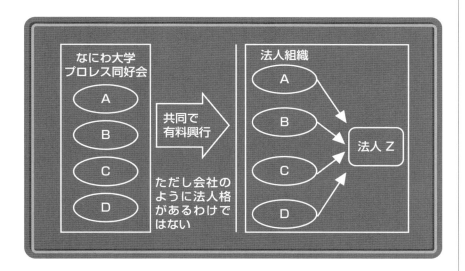

(1)組合契約とは

　なにわ大学のプロレス同好会のAさん、Bさん、Cさん、Dさんは、夏休みに共同で、有料のプロレス興行を行うことにしました。

　各自それぞれ資金を出し合い、Aさんはマネージャー、B、C、Dさんはレスラーとして興行を行い、各地を転戦することにしました。

　このように**複数の者が共同で事業を経営する**契約をすることを、組合契約といいます。各人は、それぞれ**資金を提供**したり、**労働力を供給**して**経営に参加**することになります（667条1項）。

　組合契約に参加したABCDさんを、**組合員**と呼びます。

(2)組合と法人

　複数の者が共同して事業を行うには、株式会社のような法人組織を作って行うこともできます。

　法人になれば、組織の名称で対外的に取引ができるなど、

事業をする上での利便性は増します。

しかし他方で、法人となるには少なからぬ費用や、複雑な手続が必要とされます。

そのような費用や労力を要してまで法人になる必要はないという程度の共同事業の場合に、組合契約が利用されることになります。

▼日本の場合は、利便性もさることながら、法人になることによる信用アップが重視されていますね。

(3)組合の成立

組合契約も各人の意思表示の合致によって成立することは言うまでもありません。

しかし組合契約は、通常の1対1の契約とは異なる「**合同行為**」という特殊な契約だと考えられています。

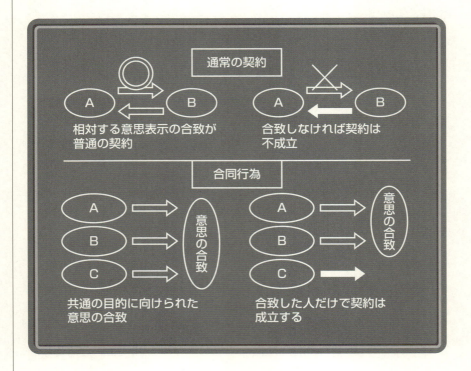

20……契約各論

合同行為には、契約の一般的な規定は適用されず、一部の者に無効などの原因があっても、組合契約全体が無効になることはありません（667条の3）。

(4)組合の内部関係

各組合員は共同事業のための出資を行います。出資は金銭が通常ですが、労働力の提供だけでも構いません（667条2項）。

この事例でAさんがお金がないので、マネージャーを兼任することを申し出て、他の者が了承したとすれば、それが出資だと考えてよいことになります。

組合には法人格はありませんから、**なにわ大学プロレス同好会名義での財産をもつことはできません**。出資した財産はABCDさんの共同所有物となります（668条）。

しかしこの共同所有財産を、簡単に分割することを認めたのでは、共同事業の目的を達成することはできません。

そこで、組合財産の共同所有とは、潜在的な持分はあるが分割請求は制限される、いわゆる「**合有**」であると考えられています。

▼民法上の共有は、いつでも分割請求ができる、個人的、独立的な共同所有形態でした。

民法の定める共有概念と、合有や**総有**という共同所有形態の違いを、所有権の項目で学びましたね。それをもう一度読み返してみてください。

組合は法人ではありませんが、複数人が共通の目的を持っているのですから、やはり組織あるいは団体であることに間違いはありません。

組織や団体では、その意思をどのように決定するかが必ず問題となります。そして組合では、常に組合員の過半数によってその意思が決定されます（670条1項）。

(5)組合の外部関係

なにわ大学プロレス同好会が、会場を賃借したり、お客さんにチケットを売ったりするなどの**対外的取引**を行うには、2つの方法があります。

179

①組合員全員で共同して行う
②組合員の誰か一人が全員を代表して行う

一般的には②の方法が取られます。しかし、組合には法人格はありませんから、団体を代表するのではなく、**あくまでも組合員全員を代表する**のであることに注意する必要があります。これを**組合代理**といいます。

▼法人の場合は代表者が対外的に行動するという１つの方法しかありませんでした。

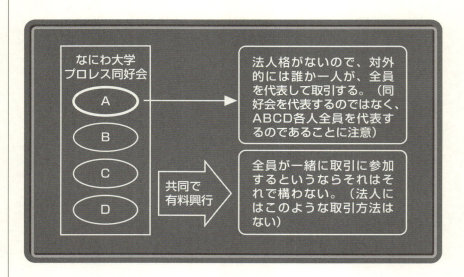

(6)**組合員の脱退**

　ABCDさんはそれぞれ、共同事業をすることを辞めたい場合には、組合契約から脱退することができます（678条）。

　組合員の一部の者がぬけても、組合自体はそのまま存続します。

　脱退組合員は、出資の払戻しを受けます（681条）。労働力で出資したＡさんも脱退のときは金銭で払戻しを受け

▼組合契約が合同行為だからです。
▼場合によっては、このような共同所有財産の、分割が認められるのが、合有と総有の違いです。

ます。

⑺組合の解散

共同事業の必要がなくなれば組合は解散されます（682条）。

12……終身定期金

ある者が死亡するまで、一定の金額を給付する契約です（689条）。

年金保険や公的年金はその一種ともいえますが、民法上の終身定期金契約が行われる例はほとんどありません。

13……和解

当事者間に紛争があるときに、互いの主張を譲り合って紛争を解決する合意を、和解といいます（695条）。

交通事故の**示談契約**が、和解の典型例です。

和解契約の最大の効力は、いったん和解が成立すれば、後日その紛争に関する権利義務の主張はもはや許されなくなることにあります（696条）。

紛争の蒸し返しを認めては、解決の意味がありませんから、これは当然のことです。

したがって示談契約がいったんなされれば「車の修理代が、見積もり以上にかかってしまった」という主張は許されなくなります。錯誤（95条）の主張も、全面的にではありませんが、ある程度制限されます。

しかし、**後遺症**など、**和解契約締結時にはわからなかった事情**については、和解で決着したのとは別個の紛争になると考えられています。

最後に和解と、類似の制度を比較しておきましょう。

① 和解：当事者が主張を譲り合って、合意によって解決
② 仲裁：紛争の判断を第三者に委ねる合意
③ 調停：和解とほぼ同じだが、意見調整のために第三者が介在する。第三者は仲裁のように判断を下すわけではない。

事務管理 21
★

　松井さんの家の屋根が竜巻で吹っ飛ばされてしまいました。松井さん一家は海外旅行に出ていて、連絡も取れません。そのままにしておくと、中の家財道具が全部だめになってしまいます。
　そこで隣家のヤマダさんは、ビニールシートや工具などを買ってきて、家の中に雨や風が吹き込まないように、応急処置をしてあげました。

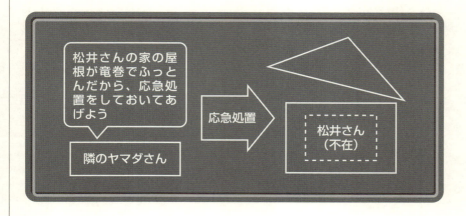

21……事務管理

　この事例のように、**義務がないのに、他人の領域に属する事柄**を、その人の利益のために行ってあげることを事務管理といいます（697条）。

　義務や権限なく、他人の領域に属する事柄を行うのは、本来違法です。しかし結果的に他人の利益になったことを法的に違法だと片付けたのでは、人情もへったくれもない世知辛いだけの世の中になってしまいますね。

　民法は一応このようなことまで考慮して、このような行為が違法とならないように取り計らっています。

　しかし、一方では、事務管理はいわば「おせっかい」であることも事実です。大きなお世話だ、余計なことをされては困ると考えるのもまた人間の自然な心情ですね。

　民法はそのあたりの微妙な関係に配慮して、事務管理のルールを定めています。

1……事務管理の効果

　事務管理の要件をあれこれ考えるよりも、まず事務管理が成立するとどうなるのかを知っておいたほうが理解が早いでしょう。

(1)まず事務管理が成立すれば、他人のことに干渉したことによる**違法性がなくなります。**

　ヤマダさんが松井さんから「余計なことしやがってこのヤロー」と言われる筋合いがなくなるだけでなく、実際に損害賠償請求を受けるおそれもなくなります。

(2)次に、ヤマダさんは管理のために出費したシートや工具などの費用を、松井さんに請求できます（702条）。これを**費用償還請求権**といいます。実際上もっとも大きな事務管理の効果といってもよいでしょう。

　事務管理者が請求できるのは**費用**です。**報酬**を請求することはできません。

(3)事務管理をする側も、おせっかいを焼く以上は、**それなりに注意して行う**ことが要求されます（697条）。

　シートをかける作業をしているときに、ヤマダさんが不注意で天井の梁を踏み壊してしまった場合などに問題となります。

▼普通の人はそんなことは言わないわけですが、世の中は普通の人ばかりではないという前提に立つのが法律というものです。

183

第3編■債権

この事例の場合には、事務管理によって保護される利益が重要なので、**緊急事務管理**が成立し、単なるヤマダさんの不注意は免責されると思われます（698条）。しかし重要なのは、よかれと思ってしたことでも、やり方がずさんなら損害賠償責任が発生するということです。

(4)さらに事務管理者には、本人への**通知義務**（699条）や管理の**継続義務**（700条）が課せられます。これも、おせっかいを始めた以上は、ある程度までは面倒をみなさいという考え方によるものです。

2……事務管理の要件

事務管理は、**本人の意思に反することが明らかな場合**は成立しません。

ちょっと考えにくいですが、松井さんが「もうこの際だから、家や家財がどうなってもいいから、保険金を少しでも多くもらおう」と思って、旅行先からヤマダさんにその旨伝えれば、その後のヤマダさんの行為は、いくら社会的には立派だとしても事務管理は成立しないのです。

一方、ヤマダさんの事務管理が純粋な好意から出たものではなく「何かあると後々面倒だ」などと思っていたに過ぎなくても、それは「他人のために」する意思であり、事務管理は成立します。

▼結局法律とは、一般の人が聖人君子であることを期待するものではないのです。

3……準事務管理

自分の土地で買物客用の青空駐車場を経営しているＡさんが、商売が繁盛して、スペースが足りなくなり、つい隣のＢさんの空き地を一時的に勝手に駐車スペースにしてしまったケースを考えてみてください。

Ｂさんは自分の土地を勝手に利用されたのですから、所有権侵害を理由に、不法行為による損害賠償請求をＡさんに対して行うことができそうです（709条）。

しかし、考えてみるとＢさんは自分の土地を空き地にしていたのですから、一時的に利用されただけでは金銭的な損害は発生していません。

184

　このような場合に、AさんがBさんの土地から得た駐車料金を、引き渡すように求める根拠として、事務管理の考え方を流用する考え方があります。

　ただ、この場合のAさんには「他人」であるBさんの「ために」駐車場を使用したわけではないので、事務管理そのものではなく、「準」事務管理だというのが、その考え方の骨子です。

　事例のようなケースをどのような理論構成で解決するのかは一致を見ていません。このような準事務管理という概念で解決しようとする考え方があることだけ覚えておいてください。

不当利得　22
★

　松井さんが長島さんの車を買って代金を支払ったが、車の売買が錯誤により無効となった場合、長島さんは受け取った車の代金を松井さんに返還しなければなりません。

　いかにも当然のことのようですが、なぜ長島さんが松井さんに代金を返還しなければならないのか、少しだけ深く考えてみましょう。

　それは結局、売買契約が効力を失った以上、長島さんはその代金を**自分の手元に留めておく法律上の理由がなくなったから**です。

185

このように、法律上の理由がないのに金銭その他の利益を得ている状態を不当利得（ふとうりとく）といいます。

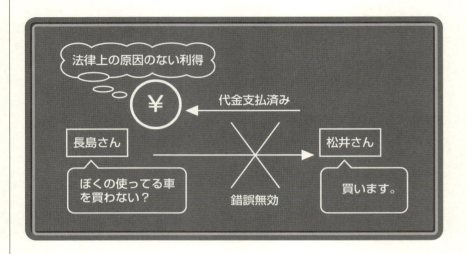

　不当利得が問題となるケースは、このように契約に無効、取消し、解除などがあった場合が代表的なものです。
　しかし不当利得はそのような場合に限られるわけではありません。
　やや極端な例ですが、泥棒に対して盗んだお金を取り戻すために被害者が民事裁判を起こすとしたら、考えられる訴えの根拠は、まずは不当利得返還請求権です。
　このように、不当利得は、**契約関係の解消の後始末としての精算**ばかりでなく、**ある者がある価値を保持していることが社会的公平や正義に反していないかどうか**という観点からも問題となります。
　そしてその基準は**「法律上の原因」があって価値を保持しているかどうか**です（703条）。

22……不当利得

不当利得：
法律上の原因なく、利得をしている状態

　不当利得の効果は、言うまでもなく、法律上の原因のない利得を**本来の者に返還**することです。

　しかし事例で、売買が無効になるとは思っていなかった長島さんは、既に受け取った代金の一部を使ってしまった場合もあるでしょう。

　このような者を**善意の受益者**といい、現に手元に残っているものを返せばよいとされます（703条）。

　一方盗取者のような**悪意の受益者**は、すべての取得利益に利息をつけて返還しなければなりません（704条）。

不当利得の効果
善意の受益者：現存利益の返還（703条）
悪意の受益者：すべての利益に利息を付して返還（704条）

1……非債弁済

　法律上の原因のない利得は返還しなければならないという不当利得の原則に対しては、**非債弁済**と**不法原因給付**という例外があります。

　非債弁済とは、債務を負っていないことを知りながら、弁済した者は、その返還を請求できないというものです（705条）。

　本来なら、**債務がないのに弁済をしてもそれは法律上の原因を欠きます**から、不当利得とされるはずです。

　しかし、**債務がないことを知りつつ弁済した者を保護す**

▼第705条〔債務の不存在を知ってした弁済〕債務の弁済として給付をした者は、その時において債務の存在しないことを知っていたときは、その給付したものの返還を請求することができない。

187

る必要はない**ので、このような規定がおかれています。

　債務がないのに弁済してしまうというイメージがつかみにくいうえに、その返還を求めることができないという、民法のなかでもわかりにくい制度のひとつが非債弁済です。

　そこで、ちょっと乱暴ですが705条の条文をこう言いかえてみましょう。

　「債務の弁済として給付をした者が、その当時債務が存在しないことを知っていたときは、**その給付は贈与としてなされたものとみなす**」

　債務がないのに給付した。そしてその物を返せとはいえない、ということは、実質的には、相手に「贈与として受け取っておけ」と言っているのと同じになります。

　実際、給付が贈与的でない場合、たとえば家主の要求に応じてしぶしぶ、本来の家賃以上の金額を賃借人が支払った場合には、非債弁済とはならないと考えられています。

2……不法原因給付

　不当利得の原則に対するもう一つの例外として、不法原因給付とよばれるものがあります。事例を見てください。

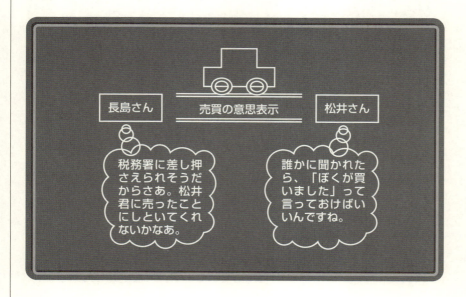

▼虚偽表示による法律行為は94条1項で無効でしたね。

22……不当利得

どこかで聞いたことのある会話ですが、これは虚偽表示のときの長島さんと松井さんのやりとりでしたね。税務署の執行を逃れるために、自動車の所有権を松井さんに仮装譲渡したのでした。

松井さんへの所有権移転は虚偽表示によるもので無効ですから、不当利得の原則によれば、松井さんの自動車の所持は法律上の原因がありません。

しかし、**長島さんが自ら社会倫理に反する行為を行った**結果として、松井さんへ所有権が移転したのですから、長島さんは松井さんに対してもはや返還を求めることはできません（708条）。

これが不法原因給付とよばれるものです。

このような例以外にも、公序良俗違反で無効とされる**ばくちの賭け金**や、**犯罪の資金**として提供した金銭などは、いずれも不法原因給付にもとづくものとして、返還を請求できません。

一方、708条ただし書は「不法の原因が受益者についてのみ存在したときはこの限りではない（つまり不法原因給付とはならない）」としています。この場合の給付者は、社会倫理に反した行為をしたわけではないので、当然の規定ですね。

この趣旨を拡張して、**暴力団から抜けるために支払った金銭**などについては、不当利得による返還を認めるのが一般的です。

そもそもこういう**足抜け料**自体は、公序良俗に反していて不法です。支払った側にも不法の原因がないとは言えないので、厳密には「不法の原因が受益者についてのみ存在」するとはいえません。しかし**足抜け料を受け取った側の不法要素に比べれば、払った側の不法要素はかなり少ないの**で、このような場合にも708条ただし書の適用は認められると考えられています。

189

第3編■債権

不法行為

★★★

23

　故意や過失によって他人に損害を与えることを不法行為
といいます。

　私人間の法律関係は、意思表示や契約によって築かれる
のが原則です。そして契約の履行によって利益を受け、契
約が不履行になれば、債務者は債務不履行責任を負うこと
になります。

　しかし、契約関係にある者でも、全ての不利益を債務不
履行責任だけで問うことには限界がありますし、**火事**や**交
通事故**のように全くの第三者の行為によって損害を被るこ
ともあります。そこでこのような、契約とその不履行責任
でカバーできない損害をフォローする手段が、不法行為だ
と考えてください。

	根拠	要件
契約にもとづく損害	債務不履行（415条）	過失およびそれと同視できる事由
不法行為による損害	不法行為（709条など）	故意・過失など

1……不法行為とは何の侵害なのか

　契約にもとづかずに損害を与えるケースは非常に多く、
不法行為はその対象領域が広い割には、民法の条文が少な
く、要件も効果も明確ではありません。

　ただ民法709条は「権利又は法律上保護される利益を
侵害した者は」とありますので、**所有権**、**債権**などが侵害
されて損害を被った場合に、不法行為が成立して損害賠償
責任が発生するかのように読めます。

190

しかし、一般的には権利等に値するものが侵害されなくとも、**故意、過失によって他人に損害を与えた場合**には不法行為が成立すると考えられています。

たとえば、夜間の工事の騒音で悩まされているイチローさんの場合を考えてみましょう。

仮に工事の振動で家屋に損害が出たのであれば、これは家屋に対する所有権侵害ですから、問題なく不法行為が成立しますね。

しかし、騒音でイチローさんが眠れないという場合、何の権利が侵害されているといえるでしょうか。

少なくとも今までに出てきたどの権利の侵害にもあてはまりません。

こういう状況のときによく「人権侵害だ」とか「静穏権の侵害だ」などと言う人もいますが、所有権とか債権と同じような意味で内容が明確な権利とはいえないでしょう。

このケースではっきりしているのは、**イチローさんが何らかの被害を受けて困っている**という点です。

とりあえず、このようなケースも含めて、**何らかの被害や損害があれば、不法行為の対象になる**ということを理解してください。

第3編■債権

2……不法行為の要件

　あらゆる被害や損害が不法行為の対象になりうるとすると、最終的な不法行為の成否は、その**被害や損害について誰に故意や過失があるのか**という視点で決められることになります。

　イチローさんが苦しめられている被害の元となっている騒音を、誰かが意図的に、あるいは注意不足で発しているとすれば、その者に不法行為責任が生じ、イチローさんに対して損害賠償責任を負うことになります。

　しかし、仮に誰にも故意や注意不足がないのであれば、騒音の発生は不可抗力であり、誰にも責任を問えません。この場合不法行為は成立せず、イチローさんはガマンするほかないということになります。

　もっとも本来不法行為とは、損害と故意・過失だけで成立するわけではなく、**権利侵害**や**違法性**という要件が必要です。

　　一般不法行為の要件
　　①損害の発生
　　②故意または過失
　　③権利侵害（違法性）

　たとえば社会的に重要な工事であれば、イチローさんに損害が発生して、工事業者に責任があっても、不法行為は成立しないとされることもあるでしょう。

(1)故意

　損害の発生を認識していたことを故意といいます。

　工事業者が、周辺住民が眠れなくなる程度の騒音であることを知っていたのに工事を強行したのであれば、故意があることになります。

(2) **過失**
　損害の発生を認識していなかったが、**不注意で損害を発生させたこと**をいいます。
　さらに不注意とは、
①損害の発生を**予測できたのに**、**緊張を欠いていた**ために予測できなかったことをいうとする考え方と、
②損害の発生を**回避するべきだったのに**、適切な措置を取ることを怠ったことであるとする考え方
とがあります。両者は説明の違いだけともいえますが、過失の本質は**注意義務違反**であるという点では一致しています。

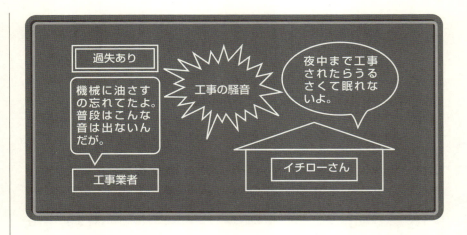

(3) 権利侵害（違法性）とは

多くの場合、損害が発生し、それに対して故意や過失がある者がいれば不法行為が成立します。

ただ、厳密にはそれだけでは不法行為は成立せず、権利侵害とまではいえないまでも、**違法行為の結果として損害が発生したことが必要**です。

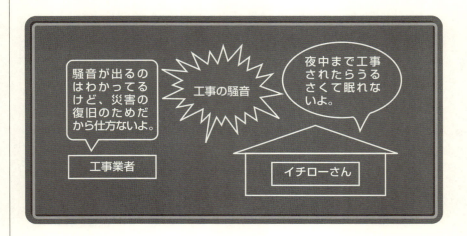

たとえば、イチローさんが眠れなくなった原因が同じような騒音だとしても、その出所が、暴走族のバイクである場合と、許可を得た災害復旧工事である場合とでは、前者の違法性の方が高いといわざるを得ないでしょう。

おなじ工事の騒音でも、昼間にできる工事をわざわざ夜にやるのと、公共性が高く夜間しかできない地下鉄工事とでは、やはり違法性が同等とはいえません。

イチローさんに損害があって、工事業者に故意、過失があっても、**工事自体に公共性**がある、**緊急性が高い**などの事情があれば、違法性がなく、不法行為は成立しないということは十分に考えられます。

⑷損害

不法行為の条文が「権利侵害…」になっているからといって、イチローさんの被害をことさらに「静穏権」とか「安眠権」など、権利と結びつける必要はないことは、既に述べました。

事例の場合のイチローさんの不眠による精神的苦痛や、実際に健康を害したことが損害だと考えられます。

一般論として、損害といえるものには次のようなものがあります（710条）。

---

①金銭、債権、所有権、財産権など、財産的損害
②生命、身体、貞操、名誉などに対する損害
③精神的苦痛としての損害⇒慰謝料
④将来発生することが見込まれた利益の消失⇒逸失利益

⑸責任能力

不法行為の成立に故意や過失が必要とされているように、人が損害賠償責任を負うのは、最低でも過失という、ルールにそむく態度が必要とされます。これを**過失主義**と

いいます。

　したがって、**物事の善悪の判断がつかない者**や、自分の行動をコントロールできない者が、意図してあるいは不注意で他人に損害を与えても、賠償責任は発生しません。これを**責任無能力**といいます。

　責任無能力者とされる場合を黒板に書きます。

責任無能力
①精神障害により善悪認識能力が欠落している者（713条）
②善悪認識能力が欠けている未成年者（712条）

---

　①はいわゆる心神喪失者と言われるものです。

　②は、未成年者＝20歳未満の者を一律に責任無能力者とはせず、個々の未成年者の発達状態に応じて判断するという趣旨です。

　一般的には12歳前後が分かれ目と言われますが、これも一律に決まっているわけではありません。

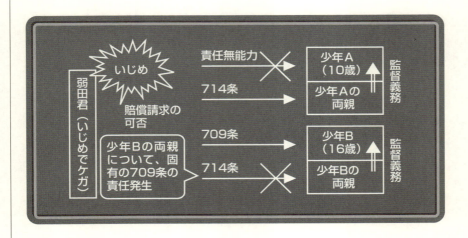

712条、713条によって責任無能力者とされれば、その者が損害賠償責任を負うことはありません。**代わりに監督義務者が賠償責任を負う**ことになります（714条）。

ここで問題となるのは、16、7歳の者の不法行為です。

たとえば、10歳の少年Aと16歳の少年Bが、共に弱田君をいじめてケガをさせた場合を考えてみましょう。

まず10歳の少年Aは責任無能力者ですから、不法行為責任を負うことはありません。代わりに両親が民法714条により弱田君に対し損害賠償責任を負うことになります。

次に16歳の少年Bを考えて見ましょう。

16、7歳ともなれば、通常はまず善悪の判断がつきます。したがって、責任無能力者ではないので、少年本人が損害賠償責任を負うことになります。その場合、監督義務者の714条の責任は生じません。

しかし16、7歳の少年が賠償に耐える資力があることはまれですので、未成年者が責任能力を認められるとかえって被害者が保護されないという皮肉な結果になります。

そもそも少年A、少年B共に未成年者ですから、その両親はいずれも、自分の子どもが他人に損害を与えないように指導監督する義務を負うことには変わりはないはずです。

このような結果は立法上の不備とも言われています。

現実の解決として、少年Bの両親には、監督義務者としての714条の責任が生じなくとも、未成年者の監督を怠ったことが監督者の固有の709条の不法行為を成立させると考えられています。

未成年者の監督義務者の責任
①未成年者がだいたい12歳未満のとき
　714条による監督義務責任（代替責任）
②未成年者がだいたい12歳以上のとき
　709条による不法行為成立（自身の不法行為責任）

第3編■債権

(6)正当防衛・緊急避難

　違法性がなければ不法行為は成立しないのだという説明
をしましたね。故意過失によって損害が発生しても、違法
性がないので不法行為が成立しない場合を、民法自体が定
めたものとして、正当防衛と緊急避難があります。

　黒沢さんが散歩をしていたところ、犬を連れた悪井に出
会いました。

①突然悪井の犬が黒沢さんに飛び掛ってきたので、黒沢さ
　んは空手の技で**犬を蹴り殺してしまいました。**

②怒った悪井が黒沢さんに殴りかかったので、黒沢さんは
　近くの家の窓ガラスを破って飛び込み、悪井から逃れま
　した。

　刑法の場合、①が正当防衛、②が緊急避難だとすること
が多いですが、民法では①が緊急避難、②が正当防衛とな
ります。民法上の正当防衛と緊急避難を黒板に書きます。

▼刑法の正当防衛、緊急避難とは、微妙に違うので注意しましょう。

正当防衛：

「人」による不法行為を避けるための、防衛行為や転嫁行
為（720条1項）

緊急避難：

「物」から生じた危険を避けるため、その物を壊す行為
（720条2項）

3……不法行為の効果

(1)損害賠償

　不法行為の最も一般的な効果が、金銭による損害賠償で
す（709条、722条1項）。

　損害賠償請求権があるのは、損害を被った者です。胎児
に損害賠償請求権があることは、自然人の権利能力の項目
で述べました（721条）。

23……不法行為

　損害を被った者とは、必ずしも不法行為の直接の被害者
とは限りません。
　悪井が良田さんを交通事故で死なせた場合、直接の被害
者は良田さんですが、良田さんの家族も精神的な損害を被
っています。
　したがって、**良田さんの家族**も悪井に対して損害賠償請
求ができるのです（711条）。

⑵損害賠償の範囲

　債務不履行による損害賠償の項目で、損害賠償の範囲は、
無限定に認められるのではなく、そのような不履行が生じ
たときは一般的に生ずるであろう損害に限って賠償
（416条）しなければならないのだという説明をしました。
　そのうえで、こんな原則があったのを覚えていますか？
賠償額が青天井にならないようにとの配慮でしたね。

▼第416条〔損害賠償の
範囲〕①債務の不履行に対
する損害賠償の請求は、こ
れによって通常生ずべき損
害の賠償をさせることをそ
の目的とする。

損害賠償の範囲
①その種類の取引のときに通常生じる損害が基準。特別、
　個別の事情による損害は含まれない。
②特別の事情による損害の発生を、債務者が知るべきとき
　は、それも損害賠償に含まれる。

　この原則は、不法行為による損害賠償の範囲についても、
当てはまります。
　損害賠償の範囲に関するこのような考え方を**相当因果関
係説**といいます。

199

第3編■債権

> 相当因果関係説：
> 加害行為との間に相当因果関係がある損害だけが、賠償の
> 対象となるとする考え方。

(3)履行期

　通常の債権は、履行期が到来するか、履行期を決めてい
なければ債権者による請求があったときから、履行遅滞と
なるのでした（412条）。覚えていますか？

▼資格試験にもよく出題されるところです。

　不法行為による損害賠償請求権は、この例外として、**成
立と同時に遅滞が発生**します。

　したがって、加害者が賠償金を支払うときは常に、賠償
金額＋不法行為日から支払日までの遅延損害金を、被害者
に渡さなければなりません。

　条文にはありませんが、判例で認められている原則です。

　次で述べる消滅時効と共に、一般の債権の例外事項とし
て非常に重要ですので、よく覚えておいてください。

> 一般の債権の履行遅滞：
> ①期限を決めたとき⇒その期限が到来したときから遅滞。
> 　(a) 確定期限⇒その期日の到来（あたりまえ）
> 　(b) 不確定期限⇒債務者が期限到来後に履行の請求を受
> 　　　けたときor期限の到来を知ったとき。
> ②期限を決めなかったとき⇒履行の請求をしたときから遅
> 　滞。
> 不法行為による債権の履行遅滞：
> ・不法行為の瞬間から、当然に遅滞が発生する。

200

⑷消滅時効

▼通常の債権の消滅時効は10年or5年でしたね(167条1項)。

不法行為による損害賠償請求権の**消滅時効は、3年間**と短く定められています（724条）。非常に重要な規定です。

不法行為による損害賠償請求権の消滅時効
①被害者が、損害や加害者の存在を知ったときから3年
②不法行為のときから20年

⑸過失相殺

交通事故の際に、警察や保険会社の人は「8対2でAが悪い」とか「過失の割合は4対6」だなどということがありますね。

これは加害者と被害者の事故に対する落ち度の割合を意味しています。

つまり死亡した良田さんにも、信号無視をしたなどの落ち度があった場合、損害賠償額の決定に際して良田さんの過失が考慮され、その分賠償額が減らされます。これを**過失相殺**といいます（722条2項）。

⑹損益相殺

過失相殺と混同しやすいのが、損益相殺という概念です。注意してください。

たとえば交通事故で入院していたために仕事ができなかったことは損害ですが、会社に行くための交通費は支出しなくてよくなるので、このような費用を賠償額から差し引くのが損益相殺です。

実はこのような損益相殺を認める規定は、民法には一切存在していません。

しかし損益相殺は、不法行為においても債務不履行においても、**当事者の公平のために**、認められなければならないと考えられています。

第3編■債権

(7)謝罪広告

　金銭による損害賠償が、不法行為の最も中心的な効果であり、被害回復方法です。

　それに加え、損害が**名誉が傷つけられた**ことである場合には、被害者は加害者に対して、「名誉を回復するのに適当な処分」を求めることができます（723条）。

　これは謝罪広告の方法による、損害の回復を認めたものです。

　被害者が訴えによって謝罪広告を求めるときは、たとえばこんな内容の訴状が裁判所に提出されます。

訴状

［当事者の表示］

原告 京都市○○区○○通り○○西入ル○○町

　　　都 大路子

被告 大阪市○○区○○３丁目４番５号

　　　浪速食倒男

［請求の趣旨］

1. 被告は原告に対し、金1000万円及びこれに対する平成30年1月1日から支払済みまで年5分の割合による金員を支払え。

2. 被告は、別紙記載の内容にもとづく謝罪広告を、毎日新聞、朝日新聞、読売新聞、産経新聞及び京都新聞の各朝刊に掲載せよ。

3. 訴訟費用は被告の負担とする。

… （以下略）

202

謝罪広告の手段は、新聞とは限りません。雑誌、テレビ
など、最近ではWebサイト（ホームページ）上での謝罪
を求めるケースもあるようです。

⑻差止め請求

騒音、振動、公害などが続いている場合には、不法行為
成立の効果として、**将来にわたる損害の発生を防止**するた
めに、原因となる行為の停止を請求することができます。
これを差止め請求といいます。

金銭による損害賠償と並ぶ重要な効果です。

名誉やプライバシーを侵害する内容の出版物の発行が禁
止されるのが、差止め請求の典型例です。

差止め請求が理由ありとされると、こんな主文の判決が
言い渡されます。

判決

［当事者の表示］

原告 神戸市○○区○○１丁目２番３号　　　港 泊男

被告 西宮市○○５丁目６番７号　　　　　　六甲嵐子

［主文］

1.被告は、別紙記載の書籍を販売してはならない。

2.訴訟費用は、被告の負担とする。

…（中略）

令和○○年○月○日

　　　○○地方裁判所第○民事部　裁判官 ○○○○

公害の場合に差止め請求を理由ありとするかどうかは、
公共性や公益性といった違法要素に大きく左右されます。

第3編■債権

4……特殊の不法行為

⑴使用者責任

　保育所の従業員が、誤って幼児を窒息死させてしまった場合、この従業員には不法行為が成立し、個人として損害賠償責任を負うことになります。

　そしてそれと同時に保育所を経営するＡも、被害者に対する不法行為責任を負わなければなりません。これを使用者責任といいます（715条）。

　Ａが自分以外の者が与えた損害の責任を負う根拠は、Ａ**は従業員の存在によって自分の業務を拡張して利益を得る**以上、そのために生じる**損失もまた負担するのが公平**だと考えられるからです。

　このような考え方を**報償（ほうしょう）責任**といい、一種の**無過失責任**です。

　このように、709条の通常不法行為が過失責任を定めているのに対し、715条以下の特殊の不法行為では、無過失による損害賠償責任が定められています。黒板にまとめると、次のようになります。

・一般不法行為（709条）：過失責任
・特殊不法行為
　①使用者責任（715条）：報償責任（無過失責任）
　②工作物責任（717条）：危険責任（無過失責任）

　ただし、使用者責任は、使用者が監督責任を怠らなかったときは、責任を免れるので、完全な無過失責任とはいえない面があります。このような場合を**中間責任**とよぶことがあります。

(2)工作物責任

公園の遊具や道路の舗装の欠陥など、土地に設置された施設や設備によって生じた損害は、その施設、設備の所有者、占有者、管理者が無過失責任を負います（717条）。

危険を生じるおそれのある物を所持している者は、それから生じた損害については、過失がなくとも責任を負うべきだという**危険責任**の思想にもとづいています。

(3)共同不法行為

複数の者が共同して加害を加え、損害を与える場合を共同不法行為といいます。

①観光バスどうしが衝突し、いずれの運転手にも前方不注意の過失があった場合が、まず例として挙げられます。両運転手の過失割合が5対5だった場合、けがをした乗客は、それぞれの運転手に損害を半分ずつ請求しなければならないのでしょうか。

そうだとすると被害者の保護に欠けることになるので、乗客は運転手のどちらか一方に、全額の賠償請求を行うことができます（719条前段）。

②弱田さんが、街で4人のチンピラに因縁をつけられ、胸ぐらをつかまれるなどされました。

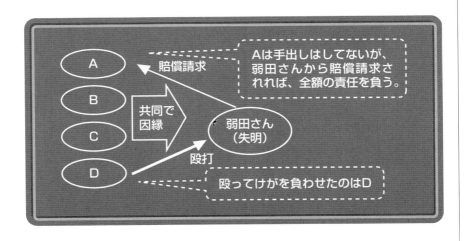

第3編■債権

さらにその中の一人Dが弱田さんを殴ったため弱田さんの右目が失明した場合、**直接殴った者だけでなく、その場にいた残りの者も**、各自全損害について賠償責任を負うとするのが、共同不法行為の2番目の例です（719条後段）。

共同不法行為の規定がなければ、直接弱田さんを殴った者以外の者は、失明については責任がないことになります。

しかし、このような状況下で弱田さんが殴った者を特定するのは容易ではありません。そこで加害者特定の義務を被害者に負わせないことにしたものです。

⑷失火責任

過失によって火災を引き起こすことが不法行為にあたるのは本来当然のことのように思われます。

しかし木造家屋の多い日本では、火災は容易に発生し、延焼もあっという間におこります。

このような実情を考えると、火災を引き起こした過失者にあまり過大な責任を問うことはできません。

そこで、**過失により引き起こされた火災については、不法行為責任を問わない**ことにしました（失火責任法）。

失火責任法というのは、条文も脚注で示した一カ条しかない極めてシンプルな法律ですが、**民法709条に対する重大な例外**ですので、必ず覚えてください。

ただ、**故意や重過失**がある場合は、失火責任法は適用されません。重過失とは、**極めて軽微な注意を払えば損害の発生を防ぐことができたのに、そのような注意を怠ったこと**をいいます。

ただし、過失で火事を出しても責任はないのだとホッとするのはまだ早いです。アパートに住んでいる住人が火を出して、アパートが全焼してしまった場合、その住人は損害賠償責任を免れません。なぜでしょうか。

アパートの住人は、**賃貸借契約の賃借人として、賃借物を返還する契約上の債務を負っている**からです。

失火責任法は民法709条は適用しないとしているだけ

▼失火の責任に関する法律（現代語訳）：民法709条の規定は、失火の場合には適用されない。ただし、失火者に重大な過失があるときはこの限りでない。

▼勘違いしやすいところなので、出題の格好の材料となっています。

なので、**契約上の債務不履行責任がなくなるわけではない**のです。

(5)国家賠償

加害者が私人であれ国であれ、過失によって違法に損害を与えれば、不法行為責任を負うことになります。

このように言うと、次のような質問が飛んできそうです。

「国と私人の関係は、公法が規律するので私法の対象外だと最初に言ったではないか？」

確かに公法は国と私人の関係を規律しますが、反対に**国と私人の関係が全て公法によって規律されるわけではありません。**

国が私人と同じ立場で法律関係を築く場合には私法のルールに従うことになります。

たとえば国は私人と契約を交わすことができます。公共工事などはたいていそうですね。

一方、公法というのは、選挙や刑罰などのように、そのような対等の関係にはない場合の国と私人との関係だけを規律するものです。

なかなかわかりにくいかもしれませんが、次のことだけは頭に入れてください。

国や地方公共団体も、一私人と同じ立場で
①契約を締結することができる。
②過失によって損害を与えれば、不法行為責任を負う。

▼つまり国家賠償法は、公法ではなく、私法だということです。これを誤解している人が結構います。

ただ、そうはいっても、やはり国や公共団体を、全ての面で一般私人と同一に扱うわけにもいかないので、国や公共団体の不法行為について国家賠償法という特別法が存在するのです。

それは、失火責任法と同じように、私法の特別法として

第3編■債権

存在するだけで、特別な公法規定ではありません。

国家賠償法の中身も、民法715条の使用者責任、民法716条の工作物責任と、本質的に大きく異なるものではありません。

⑹製造物責任

企業や業者が販売した製品に欠陥があり、そのために損害を被った場合に、製造者に損害賠償責任を負わせる製造物責任法（PL法）という法律があります。

ただ、PL法によって初めて製造者の不法行為責任を追求できるようになったわけではなく、それまでも製造者の故意や過失を立証できれば、民法709条によって損害賠償を求めることはできたわけです。

ただ、製造過程における故意や過失の立証は実際にはなかなか難しいため、製品に客観的な欠陥があればメーカーに責任を負わせることとし、無過失責任あるいは中間責任を製造者に課したのがPL法の特徴です。

▼国家賠償法１条①国又は公共団体の公権力の行使にあたる公務員が、その職務を行うについて、故意又は過失によって違法に他人に損害を加えたときは、国又は公共団体が、これを賠償する責に任ずる。
２条①道路、河川、その他の公の営造物の設置又は管理に瑕疵があったために他人に損害を生じたときは、国又は公共団体は、これを賠償する責に任ずる。

▼無過失責任、中間責任という言葉の意味については、理解していますね？

第4編

債権の履行確保

第4編■債権の履行確保

責任財産の保全

★★

24

　ここまでは主に、どのようなときに権利や義務が発生し、それはどのような内容なのかという側面から、私人間の法律関係を見てきました。

　義務が任意に履行されなければ、権利者は国家の助けを借りてその義務を強制的に実現できるのだということも、説明しました。

　番組出演など金銭以外の債務も、最終的には損害賠償という形でお金で決着をつけなければならないことが多いこともわかったと思います。

　さて、ここからは、このような債権者の権利が「**絵に描いた餅（モチ）**」にならないために、どのような手段が確保されているのかということを見ていきます。

　「絵に描いた餅」とは、債務が履行されないときに、債権者が最後の手段としてなんとか国の助けをかりて債務者の財産を差し押さえようとしたのに、**債務者はもはやスッカラカンで、何にも差し押さえる財産がなかった**ような場合をいいます。

　このような悲劇にならないために、**債務不履行前に、ある程度債務者の財産に、債権者が干渉をすることを認める**のが、債権の履行確保の制度です。

　ただしそれらは、**債務者に対する不当な干渉にならない程度**でなければなりません。

1……**詐害行為取消権**

　ヤマダさんは芳賀さんに１億円を貸し付けています。

　芳賀さんは経営者ですが、最近あまり経営がよくなさそうです。今すぐ倒産という状況ではなさそうですが、なにか気配を感じたのか、芳賀さんは自分の所有する不動産を、奥さんに贈与してしまいました。

210

このようなケースで、芳賀さんが借金をヤマダさんに返済できなくなったとき、ヤマダさんは芳賀さんの財産を差し押さえようとしても、もはや大した財産は残っていないことになり、ヤマダさんの債権はまさに「絵に描いた餅」となってしまいます。

このような結果を防ぐために、ヤマダさんには、裁判所に訴え出て、**芳賀さんの行った土地の贈与を取り消す**権利が与えられています。これを詐害（さがい）行為取消権、あるいは**債権者取消権**といいます（424条）。

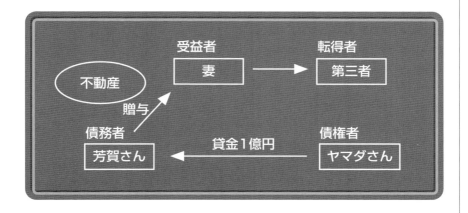

▼第424条〔詐害行為取消権〕①債権者は、債務者が債権者を害することを知ってした行為の取消しを裁判所に請求することができる。ただし、その行為によって利益を受けた者（以下この款において「受益者」という。）がその行為の時において債権者を害することを知らなかったときは、この限りでない。

不動産を贈与された妻の立場を**受益者**、さらに受益者から不動産を譲り受けた者を**転得者**といいます。

(1)詐害行為取消権の要件
①まず詐害とされる行為によって、債務者がヤマダさんへの債務の弁済をする資力がなくなることが必要です。これを**無資力要件**といいます。

詐害行為取消権は本来は債務者の自由とされる行為に干渉するものですから、債権者の権利が「絵に描いた餅」になるおそれがないときにまで行使させる必要はないからです。

②次に、受益者や転得者が、債務者が不動産を贈与してし

まえば債務を返済できなくなることを知っていたことが
必要です。
このことを**詐害の意思**といいます。
詐害の意思がない場合に取引が無効とされたのでは、財
産を譲り受ける者は安心して取引をすることができなく
なるからです。

詐害行為取消権の要件
(a)無資力要件：債務者の財産処分の自由確保のため
(b)詐害の意思：取引の安全のため

---

③詐害行為取消権は、訴訟外では行使できません。必ず訴
えを起こすことが必要です。

(2)詐害行為取消権の効果

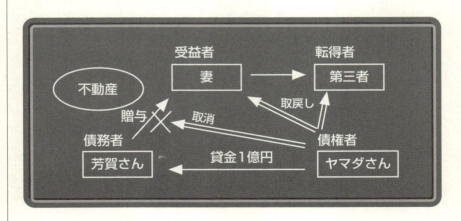

ヤマダさんが、取消権を行使することによって、芳賀さ
んと妻との間でなされた贈与は、効力を失います。
また、ヤマダさんは、実際に不動産が妻や転得者の手元

にある場合には、その不動産を芳賀さんに戻すように求めることができます。

土地は芳賀さんの財産として、ヤマダさんを含めた債権者全員にとっての大事な担保だからです。

2……債権者代位権

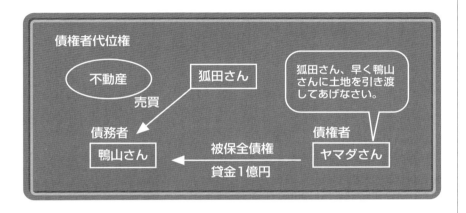

(1)債権者代位権の概要

債権者が、**債務者に代わってその権利を行使**できることを、債権者代位権といいます（423条）。

もちろんその目的は、自分の債権が絵に描いた餅にならないよう、債務者の権利、財産を保全するためです。事例を見てみましょう。

鴨山さんは狐田さんから不動産を購入しました。

しかし鴨山さんが万事におっとりしているというか、いつまでたっても狐田さんから引渡しを受けようとしません。狐田さんもそれをいいことにちゃっかり土地を使い続けています。

これを見た債権者のヤマダさんは、再三鴨山さんに助言をしましたが、ラチがあかないので、自ら狐田さんに対して、土地を鴨山さんに引き渡すように請求しました。

このように、債権者代位権も、鴨山さんが無資力になることを防ぐことが目的ですから、詐害行為取消権と同じよ

▼第423条〔債権者代位権の要件〕①債権者は、自己の債権を保全するため必要があるときは、債務者に属する権利（以下「被代位権利」という。）を行使することができる。ただし、債務者の一身に専属する権利及び差押えを禁じられた権利は、この限りでない。

第4編■債権の履行確保

うに、**無資力要件**が必要です。

また、債権者の債務者に対する債権を**被保全債権**といいますが、債権者代位権を行使するには、**被保全債権が弁済期にあること**が必要です。

以上の要件を満たしていれば、債権者代位権は**裁判外で行使できます**。

なお、家族法上の権利など債務者自身だけが行使できる**一身専属権（いっしんせんぞくけん）**は、債権者が代わって行使することはできません。

たとえば、鴨山さんが悪い女にひっかかって結婚し、財産を吸い上げられたあげくに棄てられたとしても、ヤマダさんが鴨山さんに代わって離婚や慰謝料を求めることはできません。

▼詐害行為取消権は、必ず訴えで行使しなければならなかったですね。

(2)債権者代位権の転用

債権者代位権で重要なのは、債権者代位権が、本来の目的である債務者の一般財産保全という機能を超えて、**債権者の特定債権保全のために利用されている**ということです。

そして、むしろこちらの方が、債権者代位権の利用数としても現実の機能としても、重要な役割を果たしています。

例をあげましょう。

狐田さんは鴨山さんにＡ土地を売却し、鴨山さんはＡ土地をヤマダさんに売却しました。

しかし、鴨山さんが狐田さんに登記の移転を求めないので、ヤマダさんも登記を取得することができません。

そこで、ヤマダさんは鴨山さんが狐田さんに対して持っている、**登記の移転を求める権利**を代位行使し、狐田さんから鴨山さんへの登記の移転を求めました。

▼登記の原則上、いきなり狐田→ヤマダの登記をすることはできません。必ずいったん鴨山さんを経由しなければならないのです。
▼これを登記請求権といいます。

214

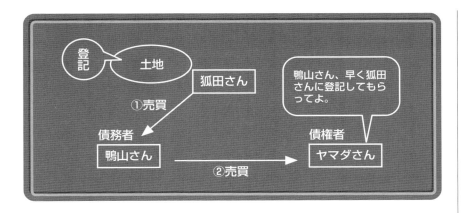

　そして、代位行使によって鴨山さんに移転した登記にもとづいて、自己への登記も完了しました。
　この例では、代位権行使によって保全される債権は金銭債権ではなく、ヤマダさんが鴨山さんに対して持つ、**登記請求権**という特定物債権です。
　このような利用の仕方は本来債権者代位権の制度が予定していたところではありませんが、**とくに弊害もないため**に、広く利用され、明文で認めるところとなっています（423条の7）。
　気をつけなければならないのは、債権者代位権がこのような特定債権の保全に使われる場合には、**無資力要件は無意味でもあり、要件として必要ない**ことです。

債権者代位権の無資力要件
①被保全債権が一般債権のときは無資力要件が必要
②特定債権を保全する目的のときは無資力要件は不要

第4編■債権の履行確保

人的担保

★★

25

1……人的担保と物的担保

債務者が本来の債務を履行しないときに、**債権者が次善
の満足のために二次的な追求をする対象**を、担保といいま
す。

担保の存在により、債権者の満足のみならず、債務者自
身に本来の履行に向けた**心理的な圧力**がかかることが期待
されています。

このような債権者の二次的な追求は、物に向かう場合と
人に向かう場合とがあります。

物に向けられた場合は**担保物権**とか**物的担保**などとよば
れます。

人に向けられる場合は、**保証**とか**人的担保**などとよばれ
ます。

物的担保と人的担保にはそれぞれ特徴がありますので、
表にまとめてみました。

	例	特徴
物的担保	抵当権、質権、譲渡担保など	担保価値が客観的で安定しているが、実行手続が複雑
人的担保	保証、連帯保証、連帯債務など	担保価値が変動しやすく不安定、しかし実行手続が簡単

それではさっそく、人的担保、物的担保の順で説明して
いきます。

216

2……保証債務

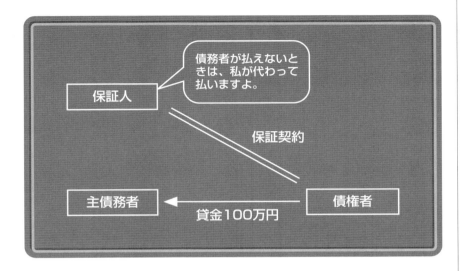

　債務者が債権者に貸金を返済できなくなったときに、債務者に代わって債務を返済する債務を、保証債務といいます（446条）。
　保証債務を負う者を**保証人**、保証の対象となる債務を負う者を**主債務者**といいます。
　電化製品や自動車のローンで、ご両親に保証人となることをお願いしたことがある人もいると思います。
　日本においては、保証債務が債権の履行確保の手段として、もっともよく利用される制度といってよいでしょう。
　保証債務も契約によって発生します。これを**保証契約**といいます。保証契約は、**債権者と保証人の書面等による合意**によって成立します。**主債務者は保証契約に関与しません**。したがって、主債務者の全然知らないところで保証契約が締結されることもあります。

(1)保証債務の付従性

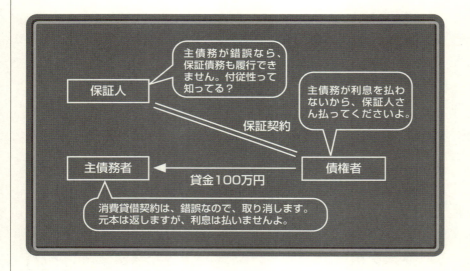

　保証債務の特徴として、**主債務と運命を共にする**ということがあります。
　主債務が弁済によって消滅すれば、保証債務も存続の必要がなくなって消滅するのはもちろんです。
　また、主債務に解除や取消しなどの事由があるときは、保証人も履行を拒めます（457条3項）。
　これを保証債務の**付従性**といいます（448条）。

▼付従性は、人的保証に限らず、抵当権などの物的保証にもあります。

保証債務の付従性
主債務が無効、取消しで効力を生じないときは、保証債務は成立せず、主債務が弁済によって消滅したときは、保証債務は目的を達して消滅する。

(2)催告の抗弁権、検索の抗弁権

保証人の責任は、一次責任者の主債務者が履行できなかったときに生じる**二次的な責任**であることが、保証債務のもう一つの特徴です。

したがって、保証人は、いきなり請求してきた債権者に対して、まず主債務者に支払いを求めるよう反論できます（452条）。これを**催告の抗弁権**といいます。

また、主債務者が支払えなくて保証人に請求してきた場合でも、主債務者に簡単に執行できる十分な財産があることを証明すれば、支払いを拒むことができます（453条）。これを**検索の抗弁権**といいます。

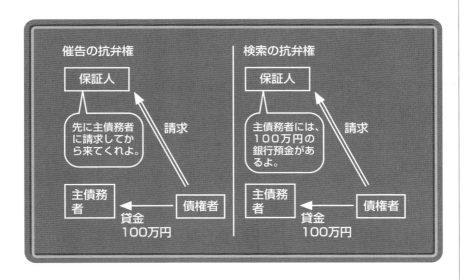

(3)連帯保証

保証人に催告の抗弁権を主張されたとき、肝心の主債務者が雲隠れしてしまえば請求を行うことができません。

また、検索の抗弁権もかなり債権者の負担を重くするものです。そもそも物的担保は実行に手間がかかるので、人的担保を債務者に用意してもらうわけです。

そこで、より**債権者の地位が強化された**、人的担保の手段が存在します。

第4編■債権の履行確保

それは催告の抗弁権と検索の抗弁権のない保証債務で
す。これを**連帯保証**といいます。(454条)。

今日一般的に利用されている人的担保は、ほとんどが連
帯保証人です。

(4)求償権

保証人や連帯保証人が債権者に弁済をしたときは、**主債
務者に対して弁済した額を請求**できます。これを保証人の
求償権といいます（459条）。

もともと保証人は、主債務から何ら利益を受けるわけで
はないので、このような求償権が認められることは当然で
すね。

求償権を確実にするために、保証人には、債権者が有し
ていた物的担保の実行権も認められています（499条、
501条）。

▼保証人には負担部分がな
い、とも言えます。負担部
分については連帯債務で学
習します。

(5)身元保証、賃借人の保証

保証契約は、主たる債務者の**消費貸借債務**についてなさ
れるのが、最も普通です。しかし、それ以外の債務につい
ての保証契約がないわけではありません。

たとえば、労務者に身元保証人が存在することを条件に
雇用契約が締結されることがあります。これは、労務者が
就業中に使用者に与えた損害や、使い込みなどの不法行為
による損害賠償債務を担保するものです。

また、アパートを借りるときにも保証人を要求されるこ
とがあります。これは言うまでもなく、家賃の不払いや家
屋に対する損害の賠償を保証するのが目的です。

3……連帯債務

一人の債務者が履行しない場合に、他の債務者がその者
の分も履行する義務を負うという点では、保証債務とよく
似ていますが、**主従の関係や付従性がないもの**を、連帯債
務といいます（436条）。

連帯債務も、当事者の意思にもとづいて成立するのが原
則です。

たとえば、300万円の債務をABC3名が共同して負っている場合を考えてみましょう。

共同事業用の資産を3名で購入した場合などに、債権者と共同債務者の合意で連帯債務が発生するのが、典型的な例です。

(1)連帯債務者への請求方法

この場合債権者は、A一人に300万円を請求できますし、C一人に300万を請求しても構いません。Bに150万円請求しても構いませんし、ABC各自同時に300万円ずつ請求しても差し支えありません。

誰が支払ったにせよ、債権者への支払額が300万円に達した時点で、連帯債務全体が消滅します。

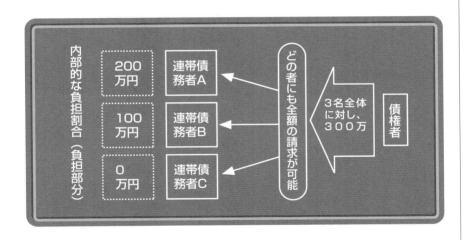

(2)負担部分

一方、連帯債務者の内部では、各自が300万円の内訳を分担します。これを**負担部分**といいます。**負担部分は平等と推定されますが**、連帯債務者間の合意で自由に変更できます。

上の図では、Aが200万円、Bが100万円の負担をそれぞれ内部的に分担しています。Cの負担部分はありません。この場合のCは実質的には連帯保証人的な地位にある

▼負担部分が平等なら、事例ではABC各100万円となりますね。

第4編■債権の履行確保

といえます。

⑶求償権

　連帯債務者相互間では、保証債務と同様に、支払いをした者が他の者に対して求償を行うことができます。

　しかし負担部分は本来自分が支払うものですので、これを超える部分についてのみ求償権を行使できます。

　事例でAないしCが単独で300万円を支払って連帯債務を消滅したとしたら、Aは100万円、Bは200万円、Cは300万円につき、他の連帯債務者に対して求償権を行使できます。

⑷相対効と絶対効

　たとえば、Aが債権者に対する100万円の債権をもって連帯債務と相殺すれば、BCに対しても効力が生じ、ABCの連帯債務の額は200万円となります（439条1項）。このような、一人に対する事由の発生が全員に影響を及ぼすことを、**絶対的効力**といいます。

　一方、Bだけが債務の存在を認めても、その承認（152条1項）の効力はACには生じません（441条）。この場合Bについてのみ消滅時効が更新されます。これを**相対的効力**といいます。

　保証債務では、主債務と保証債務に主従関係や付従性がありますので、主債務に生じた事由は絶対的効力があり、保証債務に生じた事由は相対的効力しかないのが原則です。

▼ここは非常に難しいところなので、わからなくても気にせずに先に進んでください。

▼債務の承認があると、消滅時効が更新されます（152条1項）。

連帯債務者の一人に生じた事由
相対的効力：その者に対してだけ効力が及ぶ（債務の承認など）
絶対的効力：全員に対して効力が及ぶ（相殺など）

これに対して**連帯債務では、主従関係では決められない**ので、どのような事由に絶対的効力があるかが法律で定められています（438条〜440条）。

4……不可分債務

債務の履行を確保する制度とはいえませんが、連帯債務と同じように、共同債務者各自が、債務の全部の履行義務を負う場合に、不可分債務とよばれるものがあります。

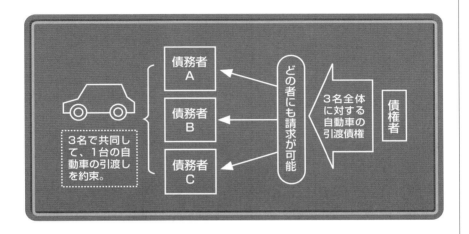

ABC3名が共同して、1台の自動者を債権者に引き渡す契約をした場合がその例です。

この場合**自動車の引渡しという債務を分割することはできない**ので、債務の性質上、ABC各自が、車の全部の引渡しを履行する義務を負うことになります。

債権者は1人のみに履行を請求してもよいし、3人に対し履行を請求することもできます。

このように、不可分債務の性質は連帯債務とよく似ており、連帯債務に関する規定が準用されます（430条）。

第4編■債権の履行確保

物的担保

26

★★

物的担保とは、債務が履行されなかった場合に、債権者が二次的に満足を図るものであることは前に述べました。

個別の物的担保の説明に入る前に、まず物的担保に共通する重要なポイントをいくつか押さえておきましょう。

▼古いドラマなどで、「借金のかたに家屋敷を取られた！」なんてシーンが出てきますよね。

(1)付従性と随伴性

付従性という概念については、人的担保のところでも説明しました。

物的担保によって担保される債権を**被担保債権**といいますが、被担保債権が**無効や取消しで効力が生じなければ**、物的担保も成立せず、被担保債権が**弁済によって消滅すれば**、物的担保も消滅することを**付従性**といいます。

▼特に付従性は重要ですので、しっかり理解してください。

付従性：
①被担保債権が無効、取消しなどで効力が生じなければ、物的担保も不成立
②被担保債権が弁済によって消滅すれば、物的担保も消滅する
随伴性：債権が譲渡されれば、新債権者が担保権を取得する。

一方**随伴性**とは、被担保債権が譲渡され債権者が変更した場合、**新債権者が担保権を取得すること**をいいます。

26······物的担保

⑵物的担保の実行

債権者が担保物で満足を図るには、担保物をそのまま債権者の所有物にしてしまう方法と、担保物を換金してその中から債権の弁済を受ける方法とがあります。

前者の方法は、かつては盛んに行われたこともありますが、結局債権者に**土地や質物の丸取り**を許すもので、合理性のあるものではありません。

現代では**換金弁済の方法が主流**であることをまず押さえてください。

ただし、仮登記担保など一部の担保物権では、所有権取得的な方法が認められています。

債務が不履行になると…

①物的担保を売却して、その代金から債務の弁済を受けるのが原則（抵当権など）

②例外的に、担保権者が、担保物の所有権を取得してしまう場合もある（仮登記担保など）

⑶登記

物的担保は物権ですので、不動産の場合は登記することが対抗要件となります（177条）。

▼このことを随伴性だとカン違いしている人がいます。注意してください。

登記をしておけば、債務者が担保物を他者に譲渡しても、債権者はその不動産に担保がついていることを主張できます。

なお、担保のついた不動産や動産を譲り受けた者を**第三取得者**といいますので、覚えてください。

⑷物上保証人

物的担保は、債務者の所有物につけられるのが普通ですが、それだけとは限りません。債務者とは別の者がその者の所有物を担保に提供する場合もあります。

225

この者を**物上保証人**といいます。

物上保証人と第三取得者は立場が似ているので、ひとまとめにして扱われることも少なくありません。

> 第三取得者
> 担保のついた不動産や動産を譲り受けた者
> 物上保証人
> 自分の不動産を、他人の債務の担保に提供した者

それではさっそく、もっとも代表的な物的担保である、抵当権から見ていくことにしましょう。

1……抵当権

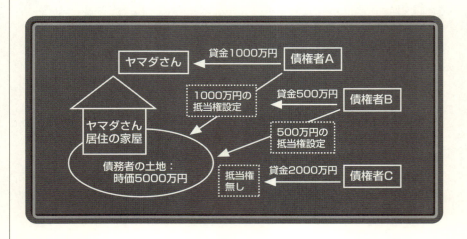

たとえばヤマダさんに借金があるとき、**ヤマダさんが住んだままの状態**で不動産につけることのできる物的担保を抵当権といいます（369条1項）。

不動産に質権を設定してしまうと、ヤマダさんはその土

地を質権者に引き渡さなければなりません。それでは居住
や営業ができなくなってしまいます、そこで今日では**抵当
権が不動産の一般的な担保手段**となっています。

⑴**設定**

　抵当権は、債権者＝**抵当権者**と土地所有者＝**抵当権設定
者**の契約によって行われます。これを**抵当権設定契約**とい
います。債務者以外の者の土地に抵当権を設定することを
物上保証ということは、既に述べました。

　抵当権設定契約のように、直接に物権を発生させること
を目的とした契約を、**物権契約**といいます。

債権契約：
債権債務の発生を目的とした契約＝通常の契約
物権契約：
物権の発生を目的とした契約

※売買契約によって、所有権移転の効力が生じますが、売
買によって所有権が発生するわけではありません。したが
って売買契約は債権契約です。

　通常の契約が、債権債務を生じさせるだけの**債権契約**で
あることの例外です。各種の物的担保の設定契約の多くは、
物権契約です。

　抵当権を設定できるのは、不動産だけです。動産に抵当
権を設定することは、現行では認められていません。

▼動産の担保手段は、質権
や譲渡担保が中心です。

第4編■債権の履行確保

(2)順位

①抵当権は、債務者に目的物の占有を残したままの物的担
保ですから、担保価値に余力があれば、別の債権のため
の抵当権を設定することもできます。

226ページの図の事例のように、土地の価値が5000
万円あるとすれば、債権者Ａの債権担保のために抵当権
を設定しても、まだ4000万円の余力があります。

この余力を別の債権の担保として利用することができる
のです。これが抵当権の大きな特徴の１つです。

複数の抵当権が設定されたとき、抵当権が登記された順
番に順位がつけられます（373条）。最初に登記された
抵当権が**１番抵当**、次に登記されたものは**２番抵当権**で
す。

ヤマダさんが債務不履行となり、土地が売却されたが、
バブル崩壊のため土地が1200万円でしか売れなかっ
た場合どうなるのでしょうか。

まず１番抵当権が、全債権額（1000万円）について優
先的に弁済を受けます。

２番抵当はその後でのみ弁済を受けます。したがって事
例の場合、債権者Ｂが土地売却代金から受ける配当は、
200万円しかありません。

▼これはたんなる事例では
なく、実際に多くおきてい
る社会現象ですね。

②もし抵当土地が売却される前に、債権者Ａがヤマダさん
から任意に1000万円の弁済を受けたとしたら、債権
者Ａの抵当権は付従性により消滅します。

すると、１番抵当権がなくなったので、債権者Ｂの２番
抵当権が１番抵当に昇格します。これを**順位上昇の原則**
といいます。

▼付従性はもうしっかり理
解しましたね。

(3)実行

ヤマダさんが債務を履行しなければ、債権者は抵当権に
もとづいて土地を売却し、その代金から弁済を受けること
になります。これを**抵当権の実行**といいます。

抵当権者は勝手に土地を売り払ってよいわけではありま
せん。**売却は民事執行法の手続により、裁判所が行います。**

26……物的担保

　裁判所は売却して得た代金を、抵当権者に分配し、残り
があれば債務者に返します。これを**配当**といいます。
　複数の抵当権者間での分配方法は、抵当権の順位によっ
て決められることは既に述べましたね。
　さて、抵当権が実行され土地が売却されると、事例の債
権者Cのような、抵当権を持っていない**一般債権者**も、分
け前に預かろうとしてきます。
　しかし、どんなに順位の低い抵当権でも、抵当権である
以上は**常に一般債権者には優先して弁済を受けることがで
きます**。これを抵当権の**優先弁済的効力**といいます。

▼担保権のない債権者を、
一般債権者といいます。

優先弁済的効力：
抵当権者は一般債権者に優先して配当を受ける。
複数の抵当権者間では、抵当権の順位に従う。

⑷**抵当権と他の制限物権との優劣**

　抵当権が実行されれば、当然ですが、ヤマダさんは土地
の所有権を失います。土地の新たな所有権者となるのは、
裁判所の競売手続で土地を買い受けた者です。この者を**競
落人**といいます。
　第三取得者と**競落人**とは異なることに注意しましょう。
第三取得者とは、抵当権が実行される前に、ヤマダさんか
ら**土地を任意に譲り受けた者**をいいます。
　第三取得者は、土地を、所有権を制限する権利付きで譲
り受ける者ですから、全ての対抗要件を備えた権利を対抗
されます。
　一方競落人とは、裁判所の抵当権実行手続によって土地
を競（せ）り落とした者です。
　この場合抵当権設定より後に対抗要件を備えた権利は、
競落人には対抗できるでしょうか。例を見てみましょう。

229

第4編■債権の履行確保

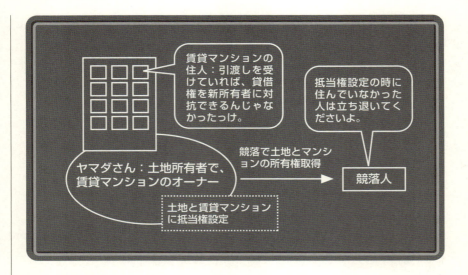

　賃貸借の項目で、賃借権も対抗要件を備えれば、新所有者に対して賃借権を主張できることを学びましたね。
　そして、賃借権は登記されることがほとんどないので、**家屋の賃借権については引渡しを受けていれば、新所有者に賃借権を主張できる**のでした。
　ただこれは、賃借権の対抗要件を備えた後に建物を譲り受けた、**第三取得者**の場合にのみあてはまることです。
　賃貸マンションでは、建物が完成すると同時に、土地と完成したマンションに建築ローンのための抵当権が設定されることが多いのです。
　抵当権が設定された後に賃借した者は、いくら対抗要件を備えたとしても、その賃借権は原則として抵当権には劣後します。そしてひとたび抵当権が実行されれば、劣後する賃借権はくつがえされてしまうのです。

▼例外としては387条（抵当権者の同意がある場合）・395条（抵当建物使用者の引渡しの猶予）に規定する場合があります。

抵当権と、他の制限物権や土地利用権との優劣は、原則として対抗要件具備の先後によって決まる。

ちなみに、抵当権や賃借権が登記されると、登記簿には
どのような記載がされるか見ておきましょう。例にあげる
のは建物登記簿の登記事項証明書です。

この登記簿の尺屋さんは、マンションを賃借して居住し
賃借権を登記までしました。

この場合第三取得者である花子さんには対抗できます
が、対抗力を備えたのがこども銀行の１番抵当権登記の後
ですので、この抵当権が実行されたときの競落人には対抗
できません。

登記事項証明書
［表題部］
所在 神戸市○○区○○１丁目２番地３
　　　　　　　　　　　　　　家屋番号 ２番３
種類　共同住宅　原因及びその日付
　　　　　　　　平成13年12月30日新築
［甲区（所有権に関する事項）］
　　　１．所有権保存 平成14年３月３日
　　　　　　　　　　　　所有者 ヤマダ太郎
　　　２．所有権移転 平成25年６月７日
　　　　　　　　　　　　所有者 ヤマダ花子
［乙区（所有権以外の権利に関する事項）
　　１．抵当権設定 平成14年３月４日
　　　　原因 平成13年12月30日消費貸借
　　　　抵当権者 東京都○○区○○７丁目８番９号
　　　　　　　　　　　　　　　こども銀行
　　２．賃借権設定 平成23年５月６日
　　　　原因 平成23年３月４日賃貸借
　　　　賃借権者　神戸市○○区○○１丁目
　　　　　　　　　２－３－405号室 尺屋任太
　　３．抵当権設定 平成26年８月９日
　　　　原因 平成26年８月９日 消費貸借
　　　　抵当権者 大阪市○○区○○４丁目５番６号
　　　　　　　　　　　　　　　兼楢有三

第4編■債権の履行確保

> 以上のとおり証明する。　平成○○年○月○日
> 　　　　　　　　　　　　　　○○地方法務局
> 登記官 ○○○○

　最近では登記簿謄本から登記事項証明書に切り替わり見やすくなりましたが、それでも実際の証明書はもっと複雑です。

　ここではわかりやすくするために必要な事項だけを載せ、説明に不要な事項は思いっきり省略してあります。

　余談ですが、ぜひ一度、自分の住んでいる土地や家屋の登記事項証明書を取ってみてください。民法の具体的イメージ作りに役立つと思います。

▼すべて登記事項証明書に切り替わりましたが、実務では相変わらず「謄本（とうほん）」とよんでいます。

(5)法定地上権

　ひとたび**抵当権が実行されると、対抗要件が劣後する利用権は全てくつがえされる**ことがわかりました。

　このように抵当権の効力は強力なので、賃貸借における抵当権者の同意ある場合（387条）や抵当建物使用者の引渡しの猶予（395条）の他にも例外が定められています。**法定地上権の成立**と呼ばれるものです。

　なかなか難しいので、例を挙げながら説明します。

　次のページの黒板に書いたようなケースの場合、ヤマダさんの家屋が存続できる根拠は、土地の所有権もヤマダさんが持っているからですね。

　しかし抵当権の実行は、土地の所有権を所有者の意に反して取り上げてしまいます。

　この土地を長島さんが取得すれば、ヤマダさんの建物のその存在基盤が失われてしまいます。

▼日本では土地と建物を別個の不動産としているので、このような問題が起こります。

26……物的担保

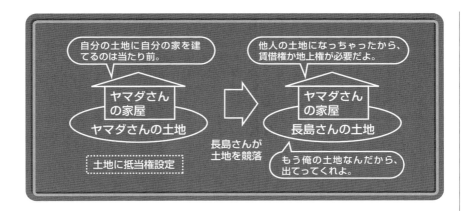

　ヤマダさんの建物を残すためには、**長島さんが賃借権か地上権の負担を了承しなければならず、長島さんがこれを拒めば、建物は取り壊されるほかありません。**

　わざわざ存在している建物が壊されるのは非常にもったいないので、このような場合には長島さんの意思に関わらず、土地に地上権が設定されるとするのが、法定地上権の制度です（388条）。

　長島さんにとっては大きな不利益ですが、**建物の存在というのは登記簿や現地の確認で一見してわかります。**嫌なら競落しなければよいということで、このような制度が是認されています。

　同じように、建物だけに抵当権が設定され、建物を長島さんが競落した場合も法定地上権が成立します。この場合は、逆に長島さんが法定地上権の恩恵を受けることになります。

▼この場合に法定地上権が成立しなければ、長島さんはせっかく競落した建物を取り壊さなければなりません。

233

(6) **根抵当**

　抵当権の**順位上昇の原則**を思い出してください。1番抵当権が付従性によって消滅すれば、それまでの2番抵当権が昇格して、1番抵当権になるのでしたね。

　そして抵当権の順位は、優先弁済に影響してくる重要なものでしたね。しかし、銀行が企業に運転資金を融資する場合のように、**貸し付けと返済が短いスパンでくり返し行われる場合**は少なくありません。

　このような場合に、返済があったからといっていちいち抵当権を消滅させていたのでは、すぐその後に貸し付けをするときは、はるかに劣後する抵当権しか設定できなくなってしまいます。

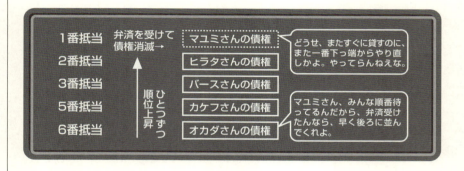

　そこで、**債務が弁済されても付従性により消滅することなく、順位もそのまま維持される抵当権**を設定することが認められています。これを根抵当（ねていとう）権といいます（398条の2）。

　たとえば1番抵当権に根抵当が設定されれば、被担保債権が完済されても根抵当権は消滅せず、順位も1番のまま維持されます。

　また同じ債権者との間で債務が発生すれば、その債務がこの根抵当によって担保されることになります。

　根抵当は、決められた金額の範囲内でのみ認められます。これを**極度額**といいます。

　極度額の範囲内であれば、債権者が債務者に対して有す

る債務はほとんど担保されることになります。

　根抵当や極度額を、債権者が債務者の財産に対して持っている「**権利のワク**」と考えるとわかりやすいと思います。

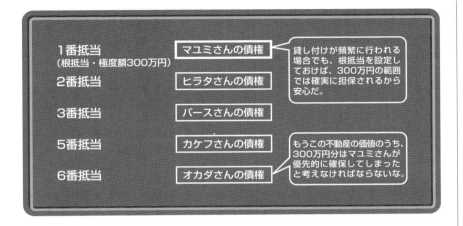

　ひんぱんな取引、継続的な取引を担保するのに適したのが根抵当です。

　そして継続的な取引が終了すれば、根抵当は通常の抵当権に姿を変えます。これを**元本の確定**といいます（398条の20）。

根抵当
・付従性が緩和され、弁済されても順位が確保される抵当権。短いスパンで貸し付けと返済を繰り返す取引に利用される。
・継続的取引が終わり元本が確定すれば、通常の抵当権となる（ただし登記簿上の記載が変わるわけではない）。

第4編■債権の履行確保

2……質権

行ったことはないかもしれませんが、質屋さんという業種があることはみなさんご存知でしょう。

貴金属や耐久消費財などを担保にしてお金を借りる一種の消費者金融です。

このとき、貴金属などの動産に設定されるのが、質権という担保物権です。

ではみなさんも質屋さんに物を預けるつもりになって、質権の概要を見ていくことにしましょう。

(1)質権と抵当権

質権は、抵当権とは異なり、**不動産、動産、権利**のいずれにも設定することができます。抵当権が設定できるのは不動産だけでしたね。

そして質権の最大の特徴は、**担保の目的物を担保権者に預けてしまう**ことです（342条）。

債務者は債務を弁済するまではその物を返してもらうことはできません（347条）。

このことによって、**債務者に心理的な圧力を加えて債務の弁済を促そう**という意図があります。これを**留置的効力**といいます。

このような質権の特徴が最大限に発揮されるのは、なんといっても動産です。

とりあえず使わないとか、遊んでいる動産というのは、みなさんが考えても結構多いのではないでしょうか。全部の洋服や指輪を一度に身につけられるわけではありませんからね。

こういう物が、質権を設定するのに一番適しているといえます。

それに対して、遊んでいる不動産というのは現実にはあまりないのです。いずれも営業や耕作に使ったり、生活の基盤にしているのが普通なので、これを質にとるとかえって債務の返済が滞るということになってしまいます。

そういう事情で、**不動産質**というのは、今日ではあまり

▼不動産、動産、権利は、権利の客体としてセットで覚えるようにと言いましたね。

26……物的担保

利用されていません。

　動産でも、遊ばせておく余裕のない、**営業用財産**とか**工作機械**などは、占有を移転しない後述の譲渡担保が利用されます。

　一方**権利質**は、権利に担保を設定する場合の原則的な手段となっています（362条）。

抵当権：債務者に占有を残す

・**抵当権の対象は、不動産のみ**

・**譲渡担保⇒現に使用している動産（実質的な動産抵当）**

質権：債務者から占有を奪う

・**不動産質⇒今日あまり利用されていない**

・**動産質⇒使っていない動産が対象**

・**権利質⇒権利を担保にする場合の基本**

⑵**質権の設定**

　質権は、債権者と債務者の合意で設定されます。これを**質権設定契約**といいます。抵当権設定契約と同じく**物権契約**です。

▼物権契約と債権契約、諾成契約と要物契約の違いはきちんと把握していますか？

　しかし、抵当権設定契約は**諾成契約**ですが、質権設定契約は**要物契約**です。したがって、質権設定契約の成立には目的物の引渡しが必要です（344条）。

　このことと、さっき述べた質物を債権者に留め置く権利があること＝留置的効力（347条）を混同してはいけません。

▼結構難しいのですが、意外といろんなところでよく出題されるところです。

　引渡しが必要なのは、質権に留置的効力があるからではなく、質権設定契約が**要物契約**だからです。

237

第4編■債権の履行確保

> ①要物契約の結果として、質物は債権者に引き渡される
> （344条）。
> ②留置的効力の結果として、質物は債権者に留め置かれる
> （347条）。

(3)質権の効力

留置的効力については既に説明しました。

物的担保である以上、**優先弁済的効力**があることももちろんです。

債務者が履行を怠れば、民事執行法の手続により質物は裁判所によって売却され、債権者はその**代金から弁済を受けることができます**。代金に残余があれば、債務者に返還しなければならないのも、抵当権と同様です。

債務不履行の場合に質権者が質物の所有権を丸取りしてしまうことを**流質契約（質流れ契約）**といいますが、このようなことは厳しく禁止されています（349条）。

質流れ契約を認めると、必ず債務者の弱味につけこんで、貸した金額に見合わない過大な価値の質草を担保にとる輩が出てくるからです。

ところでこの説明をすると必ず、質屋さんの店頭に並んでいる質流れ品、あれは質屋さんが質流れ契約で取得したものではないのか、という質問が飛んできます。

おっしゃるとおり質屋さんには、**質屋営業法**という法律で、質流れ契約ができる特権が与えられています。

質屋さんはその道のプロなので、質物の経済的価値を客観的に判断できます。質草の価値に見合ったお金を貸してくれますので、こういう**プロには質流れ契約を認めても弊害はない**のです。

(4)権利質

今まで見てきたところで、不動産の原則的な担保手段は

抵当権、動産の原則的な担保手段は質権であることがわかったと思います。

権利の客体は、不動産、動産、権利の3つでしたから、権利を担保にするときの原則的方法である権利質についても説明しておきましょう。

権利質は債権、株式、手形、無体財産権などに質権を設定するものです（362条）。

権利は目に見えないもので、物としての実体がありませんんので、要物契約性や留置的効力の内容が違ったものにならざるを得ません。

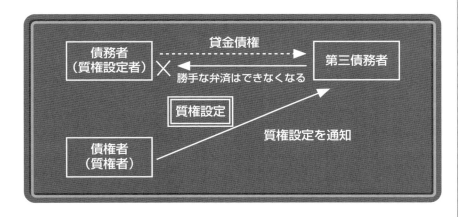

①株券や手形などの権利を表す証券類や、借用証書などの**証拠証書**がある場合もありますが、基本的に実体がない権利質は、債権者と債務者の合意によって成立する諾成契約となります。

②証書類がなければ、留置的効力もないことになりそうですが、質権が設定された債権の債務者＝**第三債務者**は、質権者に勝手に弁済ができなくなる点で、留置的効力に相当する効力はあるといえます。

ただし、そのためには第三債務者が質権を設定されたことを知らなければなりませんから、**第三債務者への通知が必要**です（364条）。

第4編■債権の履行確保

> 権利質
> 諾成契約：権利は物としての実体がないため
> 留置的効力：債務者の勝手な権利行使はできない。ただし
> 　　　　　　第三債務者への通知が必要。

3……譲渡担保

　動産の原則的な担保手段である質権は、質物の占有を債
権者に移してしまうものでした。

　この方法だと、**現に営業に使っている店舗の備品**や、**稼
動している工場の機械**などを担保にとってお金を貸すこと
はできないことになります。

　しかしこのような物件を担保に運転資金などを借りたい
という要求は高く、実際にこれらの物件を債務者に使わせ
たまま担保にとることが広く行われています。これを譲渡
担保といいます。

　ところで、物権の種類と内容は法律で定めたものに限ら
れる、という**物権法定主義の原則**（175条）がありまし
たね。

　譲渡担保を定めた法律はどこにもないので、物権法定主
義に抵触するようにも思えますが、今日譲渡担保を違法、
無効だとする学説や判例はありません。

▼債権とは異なり、物権を
自由に契約によって創設す
ることはできないのでした
ね。

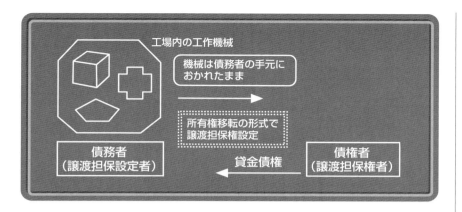

こうなると何のための175条なのかよくわからなくなりますが、**現実社会の譲渡担保に対する必要性があまりにも高い**ということでもあります。

(1)**譲渡担保の設定**

　上の図に示したのは、譲渡担保の典型的なケースの1つに過ぎません。譲渡担保は、抵当権や質権のように法律でその内容が決まっているわけではないので、**現実に譲渡担保が設定される事例には実にさまざまなパターンがあります**。

　たとえば、目的物は**動産**の場合も**不動産**の場合もあります。また**占有を債務者に残す**のが通常ですが、**そうでない場合**もあります。

　いずれにせよ、譲渡担保は債権者と債務者が、債務者の財産に譲渡担保を設定する合意により設定されます。要物契約ではありません。これを**譲渡担保設定契約**といいます。

　譲渡担保をめぐる権利義務の具体的な内容は、譲渡担保設定契約の内容次第といってもよいでしょう。

　しかし、担保物権である以上、**付従性、随伴性**はあります。また、物権である以上、不動産については登記が対抗要件となり、動産については引渡しが対抗要件となることは理解しておいてください。

第4編■債権の履行確保

(2)譲渡担保の効力

「譲渡担保権」という法定の物権がないので、譲渡担保設定契約は、**債務者から債権者に所有権を移転するという形式**でなされることがほとんどです。

しかし、これは**真実所有権を移転するわけではなく、担**保権のみを債権者に与えるにすぎないと考えられています。

▼一種の虚偽表示のようですが、無効ではないと考えられています。

そして担保物権である以上、債務不履行の場合に担保物から優先弁済を受けることができることはいうまでもありません。

ただし、抵当権のように法律で売却の手続が定められていないので、いわゆる**任意売却**の手続によらざるを得ません。

▼担保権の実行手続も、契約で決めることができるということです。

また、譲渡担保設定契約次第では、不履行の場合に債権者が、**担保物の所有権を取得することも認められます。**

ただし、所有権の価値が債権の価値を上回るときは、**差額を債務者に清算**しなければなりません。

▼清算義務があるので、いわゆる債権者の丸取りではありません。

譲渡担保が設定されてから実行されるまでの間、債権者と債務者のどちらに担保物を使用収益する権利があるのかも、譲渡担保設定契約次第です。

通常は債務者に使用収益権が残される場合が多いようです。

(3)譲渡担保の対外的効力

譲渡担保は、担保権でありながら形式的には所有権が債権者に移転されているので、まだ債務不履行がないにもかかわらず、債権者が担保物である不動産を勝手に処分してしまうことがあります。

また、動産の譲渡担保の場合占有が債務者に残される場合が多いので、債務者が担保物を処分してしまうこともあります。

抵当権や質権であれば、前者は、抵当権者が勝手に担保物を処分できないのは登記から明らかですし、後者も質権では占有が債権者に移っているので、債務者が勝手に処分するなどありえないことですね。

242

> **譲渡担保**
> ・諾成契約で成立。ただし権利移転の形式をとる。
> ・付従性や随伴性、対抗要件は他の担保物権と同じ。
> ・法律がないので、内容や手続は契約次第。
>   ①使用収益をどちらがするか
>   ②不履行の場合に、どうやって債権者が満足を得るか

　このような、譲渡担保に特有な問題をどのように解決していくかは、大変難しい問題だといえます。

4……仮登記担保

　今すぐ所有権を移転するわけではないけれど、将来確実に所有権移転がある場合に、あらかじめ**仮登記**をしておくことがあります。本登記にはお金がかかるので、早く登記をして他の者に優先したいけどすぐには本登記ができない場合に利用されます。

▼これに対して本来の登記を「本登記」といいます。

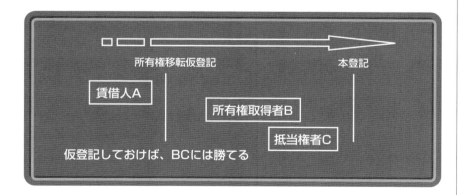

　このような仮登記制度を利用して、契約によって物的担保の目的を達しようとするのが、仮登記担保という手法です。

事例をみてみましょう。

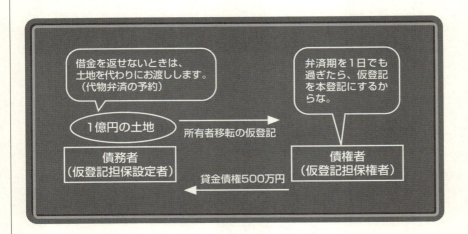

まず債務者が、**債務を弁済できなかったときは**、土地を代わりに債権者に渡すことをあらかじめ了承します。これを**代物弁済予約**といいます。

そして、この将来の所有権移転のために、今のうちに仮登記をしておけば、その後の権利を取得する第三者にも対抗できることになって一丁あがりです。

上の図の事例では500万円の債権担保のために、1億円の土地が仮登記担保の目的にされています。債務者が返済期限を1日でも過ぎれば、この土地は債権者のものになってしまいます。

なんだかずいぶん債権者に都合のいい話ですが、実際この手法は立場の強い債権者にかなり利用され、弱い立場の債務者を苦しめてきました。

そこで「**仮登記担保契約に関する法律**」が制定され、現在ではこの法律による規制が行われるようになりました。

この法律の主眼とするところは、**不動産の価格と債権額の差額を返還させる**ところにあります。

事例の場合、債権者は債務不履行によって土地を取得したとしても、1億円−500万円＝9500万円は、債務者に返還しなければならないのです。これを**清算義務**といい

▼本来の債務の履行の代わりに、別の物を給付する合意とその履行が代物弁済でしたね。

▼仮登記担保そのものを禁止するのではなく、法律で債権者の丸取りを規制していこうという考え方です。

ます。

5……先取特権

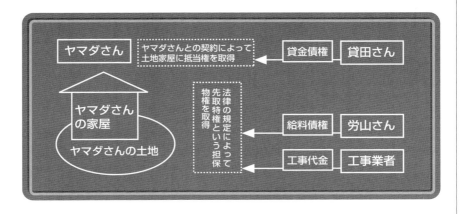

　上の図の事例を見てください。
　貸田さんがヤマダさんにお金を貸したとき、ヤマダさんの土地を担保に取るには、抵当権設定契約などの合意が必要でしたね。
　このような、契約によって発生する物的担保を**約定（やくじょう）担保物権**といいます。
　これに対して、労山さんがヤマダさんのために働いて、ヤマダさんから給料をもらう権利があるときは、**とくに合意がなくても**、ヤマダさんの土地その他の財産から**優先的に弁済を受ける**ことができます。
　給料債権のような重要な債権は、実際に弁済されないときの弊害が大きいので、法律でとくに、ヤマダさんの財産に物的担保が設定されたとみなしているのです（303条）。このような物的担保を、**法定担保物権**といいます。労山さんが取得する物的担保は、先取特権（さきどりとっけん）という種類の法定担保物権です（306条2号）。
　これまで説明してきた抵当権、質権、譲渡担保などは、すべて**約定担保物権**です。

第4編■債権の履行確保

> ①約定担保物権：債権者と債務者の契約によって成立
>   抵当権、根抵当権、質権、譲渡担保、仮登記担保
> ②法定担保物権：法律の規定によって当然に成立
>   先取特権、留置権

　法定担保物権には、先取特権と留置権があります。

　まず先取特権について、その次に留置権について説明していきます。

(1)先取特権の成立と効力

　特定の債権について、債務者の財産から優先弁済を受けることができるのが、先取特権の最大の効力です（303条）。

　優先弁済は、抵当権などと同じように、特定の財産だけから優先弁済を受けることができるのが普通です。これを**特別の先取特権**といいます。

　たとえば、ヤマダさんの家屋を修理した工事業者は、その家屋に対して先取特権を取得し、この家屋の競売による売却代金についてだけ、優先弁済を得ることができます。土地の売却代金からは一銭も受け取れません。

　しかし、労山さんの給料債権のような場合は、債務者の全ての財産から優先弁済を受けることができます。土地の競売代金からも、建物の競売代金からも、弁済を受けることができるのです。

　これを**一般の先取特権**といいます。

①一般の先取特権
　債務者の全財産に担保権が設定される（306条）。
　共益費用（１号）、雇用関係から生じた債権（２号）、葬
　式費用（３号）など
②特別の先取特権
　債権の発生に関連した特定の財産にだけ担保権が設定さ
　れる。
　(a) 特定動産の先取特権（311条）
　　　宿泊客の荷物（３号）など
　(b) 特定不動産の先取特権（325条）
　　　不動産の保存（１号）、工事（２号）、売買（３号）

(2)他の物権との優劣

　先取特権という名前から、なんだかあらゆる抵当権その
他の担保物権に優先して弁済が受けられるような強力な権
利であるかのような印象を受けますが、必ずしもそういう
わけでもありません。

　先取特権を登記したときはかなり強力な優先弁済権があ
りますが、わざわざ登記するぐらいなら、最初から約定担
保物権である抵当権を設定しているよ、という声が聞こえ
てきそうですね。

　給料債権を強力に保護しようと思ったら、登記なしでも
それなりの効力があってもよさそうですが、**一般先取特権
は、登記された抵当権には常に負けてしまいます**（336
条）。給料債権を登記することは、ちょっと考えにくいです
よね。

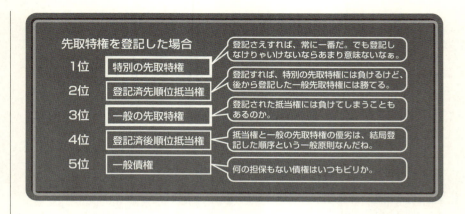

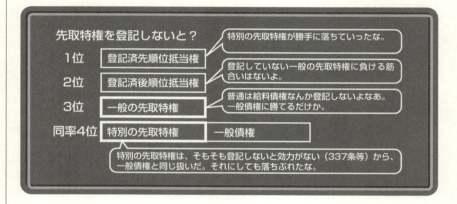

6……留置権

　それではもう一つの法定担保物権である、留置権について説明していきましょう。

　悪田が良山さんの家から時計を盗みましたが、壊れていたので時計屋に修理に出しました。

　良山さんは時計が見つかったと聞き、時計屋さんに返還を求めました。時計の修理は既に完了しています。

　時計の所有権は良山さんにありますから、時計屋さんはいずれは時計を良山さんに返さなければなりません。

　しかし、悪田か良山さんのいずれかによって**修理代が支払われるまでは、時計を手元に留め置くことができます**。

▼良山さんは修理契約の当事者ではありませんが、所有者の立場で修理代金の弁済をすることができます（474条1項）。

これが留置権です（295条）。

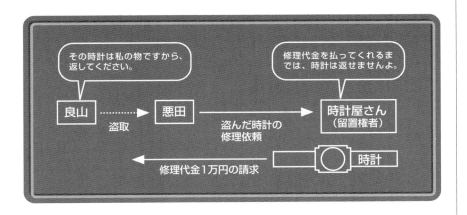

留置権は、**同時履行の抗弁権**とよく似た面があります。しかし事例の場合に時計屋さんが同時履行の抗弁権を主張できるのは、修理**契約の当事者**である悪田に対してだけです。

良山さんの時計屋さんに対する時計の返還請求は、**所有権にもとづく返還請求**であって、契約上の義務履行ではないからです。

この場合に時計屋さんが良山さんに時計の返還を拒む根拠は、留置権以外にありません。

このように、留置権とは、その物に関して生じた債権が履行されるまでは、弁済を受けるまで、その物を留め置く権利です。

ただし、時計屋さんは悪田からも良山さんからも弁済が受けられない場合に、**時計を売却してその代金から優先弁済を受けられるわけではありません。**

すなわち、留置権の効力は、**留置的効力だけで、優先弁済的効力はない**のです。これが他の担保物権とは大きく異なる点です。

最後に、いままで見てきた担保物権について、優先弁済的効力と留置的効力、契約方式の違いなどを確認しておきましょう。

▼双務契約の当事者が、相互に相手が弁済の提供をするまでは、自分の債務を履行する必要がないのが、同時履行の抗弁権でした。

▼物を留め置いて、債務者に心理的な圧力を加えることだけが認められた、物的担保ということですね。

第4編■債権の履行確保

	目的物	成立方式	留置的効力	優先弁済的効力
抵当権	不動産	約定／諾成	×	○
質権	不動産 動産 権利	約定／要物 （権利質は 諾成）	○（権利質で は例外がある）	○
譲渡担保	不動産 動産 権利	約定／諾成	契約しだい	○
仮登記担保	不動産	約定／諾成	契約しだい	○
先取特権	不動産 動産 一般財産	法定／－	×	○
留置権	不動産 動産	法定／－	○	×

第5編

家族法

第5編■家族法

親族

27

　第1編から第4編までは、私たちの市民生活のうち、財産所有やその取引に関する法律関係を取り扱ってきました。

　第5編では、家族生活に関する法律関係を取り上げます。

　その一つは婚姻、養子といった**家族関係そのもの**です。

　もう一つは、人が死亡した後の**相続をめぐる関係**です。

　相続は家族そのものの関係というよりは、財産法的な側面も強いのですが、ほとんどの場合家族が遺産を相続することになるので、家族法の一分野として扱われています。

　普通は、家族法と財産法の原理の違いなどを、最初に説明することが多いのですが、あまり家族法と財産法の違いをことさら強調するのもどうかと思います。

　せっかく長い時間をかけて財産法を学んできたのですから、頭がよく回転しているうちに、このまますっと家族法の世界に入っていく方がよいでしょう。

　ですから、頭を切り替える必要はありませんよ。

　そして財産法との原理の違いなどは、典型的な事例に出会ったときに、その都度説明していくことにしましょう。

▼厳密には死亡だけではなく、失踪宣告も相続が始まることは、総則のところで学習しました。

1……親族とは

　血のつながりと結婚による人間関係を、一般に親族といいますね。**家族**とか家族の一員といったときは、ペットや同居人を含んだ意味で使うこともありますが、**親族**という言葉は、①**血縁**か②**婚姻**のどちらかがある場合に限って使われる言葉です。

　ただし、血のつながりを言い出すと、それは何十代にも渡りますから、**法律上の親族**といえる血縁は、一定の濃さを持つ血のつながりに限られます。

　血のつながりの濃さを表す単位を**親等**といいます。自分から、上に行っても下に行っても、**一世代が1親等**です。

　自分から見て、親や子どもは1親等、祖父母や孫は2親

252

等です。**兄弟姉妹はいったん父母に上がってから降りるので2親等**と数えます。自分の配偶者には親等はありません。ではいとこは何親等ですか？

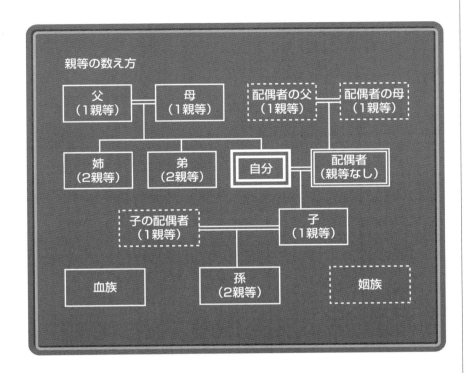

　図には出ていませんが、いとこは、父母の兄弟の子です。いとこにたどり着くには、祖父母まで2世代のぼって、さらに自分の世代まで降りてくることになります（726条）。
　したがって**いとこは4親等**です。
　親子のような縦の関係を**直系**、兄弟のような横の関係を**傍系**といいます。傍系になると親等が一気に増えますね。
　自分と直接血のつながりのある者を血族といいます。**配偶者との血のつながりがある者を姻族（いんぞく）**といいます。姻族も、配偶者を起点に配偶者との血のつながりの濃さを、親等として数えることができます。
　法律上の親族の概念は、次の4つの要素によって決まる

第5編■家族法

ことになります。

> ①親等：自分または配偶者との血のつながりの濃さ
> ②直系と傍系：縦のつながりが直系、横のつながりが傍系
> ③配偶者：結婚相手
> ④血族と姻族：自分の血縁者が血族、配偶者の血縁者が姻族

現行法では、**6親等以内の血族**と**3親等以内の姻族**、及び**配偶者**が、**法律上の親族**とされています（725条）。

ただし、扶養義務など、現実に親族であることから生じる具体的な権利義務は、**この親族の概念を最大枠として、さらに血縁の濃い者だけに課せられることが多い**といえます。

▼たとえば、裁判所が扶養を命ずることができるのは3親等以内の親族に限られます（877条2項）。

2……婚姻

男女の婚姻に関する法律関係が、親族法の中心的な位置を占めるものであることは、改めていうまでもないでしょう。親子の関係が血縁によって発生するのに対し、**婚姻は意思表示によって発生し**、解消される場合もあるので、当然規律する条文も多くなります。

▼養子縁組は血縁ではなく、意思表示によって発生する親族関係ですが、日本の場合は、数が少ないですね。

(1)婚姻の要件

①形式的要件 **婚姻届**という書面を役所へ提出することにより、婚姻は成立します（739条1項）。届出がなければ婚姻は成立しません。これを**法律婚主義**といいます。ただし婚姻届は、たんなる役所への届出ではなく、**婚姻の意思を示した意思表示**が、婚姻届という形式においてなされたものと考えてください。

婚姻というのは家族法上の契約の1つですから、契約方式の自由の例外として、婚姻届が必要だと考えてもいい

▼婚姻の意思と、共同生活の事実があれば婚姻が成立する立法例を、事実婚主義といいます。日本では内縁として扱われます。

254

ですね。

もし婚姻届の記載とは異なる意思を持っていたのだとしたら、婚姻の無効や取消しの問題となります。

どうです、家族法といっても、財産法と同じような思考形式でいけるでしょう。

②実質的要件　ある年齢に達しなければ婚姻が許されないことは、皆さんもご存知でしょう。**重婚**が禁止されていることも知っていますね。

これらは婚姻の実質的要件とよばれています。黒板にまとめてみましょう。

婚姻の実質的要件
①婚姻年齢：男性18歳、女性16歳（2022年4月からは女性も18歳、731条）
②重婚の禁止（732条）
③再婚禁止期間でないこと（733条）※女性のみ
④近親婚に当たらないこと（734条）
⑤未成年者については親権者の同意があること（2022年3月末日まで、737条）

2022年4月からは18歳で成人となりますので、未成年者の婚姻に関する要件は廃止となります。

▼第742条〔婚姻の無効〕婚姻は、次に掲げる場合に限り、無効とする。―　人違いその他の事由によって当事者間に婚姻をする意思がないとき。

▼心裡留保や虚偽表示を思い出してください。

(2)婚姻の無効、取消し

①婚姻の無効　形式的に婚姻届が提出されても、**当事者に婚姻の真意がないとき**は、婚姻は無効です（742条1号）。財産法では、取引の安全のために真意と異なる意思表示も有効とされることがありました。

しかし、親族関係の発生に関する意思表示は、**なにより
も当事者の真意が重視される**ので、婚姻の意思がない婚
姻届が有効となることはありません。
　婚姻無効には遡及効があり、無効の結婚から**子どもが生
まれても非嫡出子**として扱われます。

②婚姻の取消し　詐欺や強迫によって婚姻意思が形成され
た場合は、婚姻を取り消すことができます（747条）。
　婚姻の無効と同じく、**当事者の意思がなにより重視され
る**ので、財産取引上の詐欺（96条3項）のように取消
しが制限されることはありません。
　さらに婚姻の取消しには、**財産法上の取消しとは異なる
大きな特徴**があります。黒板に書きましょう。

▼婚姻関係にない男女間に
生まれた子どもを非嫡出子
といいます。
▼第747条〔詐欺又は強
迫による婚姻の取消し〕①
詐欺又は強迫によって婚姻
をした者は、その婚姻の取
消しを家庭裁判所に請求す
ることができる。
▼結婚の真意がないわけで
はないが、真意が不当に形
成されている場合ですね。
▼財産法上は、善意の第三
者には詐欺による取消を主
張できませんでしたね。

　⒜婚姻の取消しは必ず裁判所に請求しなければならない。
　⒝取消しによって婚姻は将来に向けてのみ、効力がなくな
る（748条1項）。

　⒝はとりわけ重要です。婚姻が取り消された場合に、婚
姻が最初からなかったことになってしまうと、たとえば
生まれた子どもは非嫡出子になってしまいます。
　それよりは、**婚姻の取消しは、むしろ離婚に類似したも
の**と考えて遡及効を否定することにしたものです。
　婚姻の取消しに限らず、家族法上の取消しについては、
親族関係の安定のために遡及効が否定される場合が多い
のです。

▼離婚しても、既に生まれ
た子どもは非嫡出子とはな
りません。

⑶**婚姻の効力**

　婚姻というのは一人の人間にとって実に大きなイベント
ですね。法律上も、婚姻によって実にさまざまな効果が発
生します。まず黒板に書きましょう。

256

婚姻の効果

①同居義務、扶助義務の発生（752条）

②貞操義務の発生（770条１項１号）

③姓を夫婦どちらかに一致させること（750条）

④姻族関係の発生

⑤夫婦間に生まれた子どもは嫡出子と推定される（772条）

⑥未成年者が婚姻すると、以後成人として取り扱われる（2022年３月末日まで、753条）

⑦夫婦間でなされた財産上の契約は自由に取り消すことができる（754条）

⑧夫婦財産制の開始（760条）

⑨配偶者が死亡したときに相続権がある（890条）

①②は、婚姻から発生する基本的な義務です。この義務を怠ると、離婚されてしまっても文句は言えません（770条）。

⑥は、20歳未満の者でも、結婚すれば男女を問わず一人前に扱われるということです。わかりやすいですね。

⑦は少しわかりにくいかもしれません。「**法律は家庭に入らず**」ということわざがあって、家族の事柄については、権利だ義務だの言うのはいかがなものかという考え方が古くからあります。これはなんとなくわかるでしょう。

特に夫婦は、一心同体の関係にあるといってもいいので、**仮に契約で財産上の権利義務を決めたとしても、その法的な拘束はいつでも解消できますよ**、というのがこの規定の趣旨です。

⑨は相続法で取り扱います。

第5編■家族法

⑷夫婦財産制

夫婦と取引する第三者にとって、**権利義務が夫婦各自に帰属するのか、夫婦に共同して帰属するのか**は、重要な問題です。**夫婦の権利義務の帰属の問題**を夫婦財産制といいます。

夫婦財産制は、**あらかじめ婚姻前に契約で定めておくことができます**。「夫婦の共同生活から生じる債務は全て夫の負担とする」とかのようにです。これを**夫婦財産契約**といいます。

ただ、なにかピンときませんね。実際に日本で夫婦財産契約が締結されることは極めてまれだといわれています。

ほとんどの場合、夫婦財産制は民法が定めた原則に従うことになります。これを**法定財産制**といいます。

▼婚姻後に定めたのでは754条で取消し可能なので、婚姻前に定めておくのです。

夫婦財産制：婚姻後の夫婦の財産の帰属などを決めること

①夫婦財産契約（755条）：ほとんど利用されず

②法定財産制（760条）

ⓐ 夫婦は各自、個別に権利や義務を取得するのが原則。

ⓑ 夫婦のどちらが取得したか不明な財産は、夫婦の共有財産と推定される。

ⓒ 夫婦は婚姻から生ずる費用を分担して負担する。

ⓓ 日常家事から生じた債務については夫婦の連帯負担となる。

---

②ⓐの原則は、法定財産制の基本的な原則で、これを**夫婦別産制**といいます。

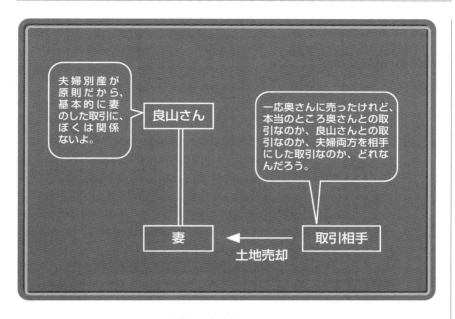

3……婚姻の解消

婚姻が解消される原因は①配偶者の死亡と②離婚です。

①は当然ですね。現実の死亡だけではなく、失踪宣告によって死亡が擬制される場合も婚姻は解消されることは、総則で勉強しました。

②の離婚については、古今東西を問わず、家族法の最大テーマの一つといえるでしょう。以下、離婚を中心に説明していきます。

▼再婚後に失踪宣告が取り消されても、前婚は復活しないのでしたね。

(1) **協議離婚**

夫と妻が合意すれば、婚姻はいつでも解消することができます。これを協議離婚といいます（763条）。

もちろん合意するだけではなく、**離婚届を提出**することが必要です。

離婚の無効や取消しについても、婚姻の場合と同様です（764条）。

第5編■家族法

(2)裁判離婚

離婚の合意がなくても、**離婚原因**がある場合には**夫婦の一方から離婚の訴えを起こすこと**が可能です。離婚原因は770条に挙げられています。

> 離婚原因
> ①配偶者に不貞行為があったとき（1号）
> ②配偶者から悪意で遺棄されたとき（2号）
> ③配偶者の生死が3年以上明らかでないとき（3号）
> ④配偶者が強度の精神病にかかり、回復の見込みがないとき（4号）
> ⑤その他婚姻を継続しがたい重大な事由があるとき（5号）

裁判での離婚は、最終的な手段です。話し合いによる協議離婚ができないときは、**家庭裁判所の調停**を経てから、裁判によって離婚原因があるかどうかが争われます。これを**調停前置主義**といいます。

不貞行為や悪意の遺棄は離婚原因となりますが、**自ら不貞行為や悪意の遺棄をした本人からは離婚を求めることができない**と考えないと、何か釈然としないものがありますね。実際そのように考えられていて、これを**有責主義**といいます。

ただ、最近では、夫婦の実質がなくなってから長期間が経過している場合には、離婚原因を作り出した配偶者＝**有責配偶者**からの離婚請求も、限定的にではありますが、認められるようになってきました。これを**破綻（はたん）主義**といいます。

協議離婚にせよ裁判離婚にせよ、離婚が認められる場合には、ひとつ重要な問題があります。

それは、夫婦の間に子がある場合には、夫婦の**いずれが**

260

27……親族

親権者になるかを定めなければならないことです（766条1項、771条）。夫婦が合意すればその者が親権者となりますし、争いがあれば裁判所が子の利益を考えて決めることになります。

　離婚が裁判までもつれこむのは、離婚するかどうかの争いよりも、親権の奪い合いのケースが少なくありません。

⑶離婚の効力

　離婚によって、次のような効力が生じます。

①再婚が自由にできる

②復氏：婚姻に際して変更した姓を、婚姻前のものに戻す
　ことができる（751条、767条）

③姻族の関係が終了する（728条1項）

④子の監護者と親権者が決定される（766条1項）

⑤祭祀財産の承継が行われる（769条）

⑥財産分与が行われる

　①で女性について再婚禁止期間があることは既に述べました。

　②は、婚姻前の姓と婚姻後の姓のいずれを名のるかが選択できることを意味します。

　④は、子の監護者と親権者が別々に決められることはあまりなく、通常は親権者のみが定められ、親権者が監護も行うことになります。

　⑥の財産分与とは、本来的には婚姻中に**夫婦が共同で取得した財産の分配を求めること**ですが、実際的には、**離婚による慰謝料**や**離婚後の扶養費**などが、財産分与の名目で渡される場合も多いと言われています。

261

第5編■家族法

4……婚約

男女の関係が正式に婚姻するに至らなくても、**将来婚姻することを合意**した関係にあれば、それは婚約といって、法律によって一定の保護を受けます。

(1)婚約の成立

婚姻と異なり、婚約は**婚姻意思の合致**があればそれだけで成立します。恋人同士のどちらかがプロポーズして他方が了承した場合が典型ですね。性交渉が長期間続いた場合も婚約とみなされる場合があるでしょう。

理屈のうえでは、婚姻の届け出をする前には、必ず婚約という合意があることになりますね。

▼婚姻が成立するには、必ず届出が必要でしたね。

(2)婚約の効力

婚約の最大の効力は、**婚約の一方的な破棄**に対して、損害賠償義務が課せられることです。

これは債務不履行責任（415条）とも、不法行為責任（709条、710条）とも考えられています。

5……内縁

婚姻の成立には、**届出という形式的要件が必須**であることは説明しましたね。婚姻届を提出しなければ、正式な婚姻として扱われることはありません。

しかし、**当事者に婚姻意思があり**、**実質的にも共同生活**を営んでいる場合には、全てを正式な婚姻として扱うことはできないにせよ、**婚姻に準じた取扱い**がなされるべきだと考えられています。

これを内縁といいます。

▼すべてを婚姻と同じに扱ったら、届出を必要とする意味がなくなってしまうからです。法人と権利能力なき社団の関係を、少しほうふつとさせますね。

(1)内縁の成立

①婚姻意思と②共同生活の存在によって、内縁は成立します。

この要件を満たせば正式な婚姻が成立するとの立法例もあり、これを**事実婚主義**といいますが、日本では**法律婚主**

27……親族

義が採用されていることは、前に述べました。

⑵内縁の効果

　内縁もできるだけ正式の婚姻に準じた扱いをしたいところですが、やはり届出がないことによる制約は生じざるを得ません。

　前に述べた婚姻の効果を利用して黒板にまとめます。

婚姻の効果のうち，内縁にも認められるもの（○）とそうでないもの（×）

○①同居義務、扶助義務の発生（752条）

○②貞操義務の発生（770条１号）

×③姓を夫婦どちらかに一致させること（750条）

×④姻族関係の発生

×⑤夫婦間に生まれた子どもは嫡出子と推定される（772条）

×⑥未成年者が婚姻すると、以後成人として扱われる（753条）

×⑦夫婦間でなされた財産上の契約は自由に取り消すことができる（754条）

○⑧夫婦財産制の開始（760条）

×⑨配偶者が死亡したときに相続権がある（890条）

6……親子関係の成立

　婚姻と並んで、親族法の規律の中心をなすのは、親子の関係です。

　親子の関係に、血のつながりのある**実親子**関係と、血のつながりのない**養親子**関係があるのは、皆さんご存知でしょう。

263

第5編■家族法

実親子関係は、父親をどうやって確定するのかが、中心課題となります。

一方養親子関係は意思表示によって発生する親子関係ですから、婚姻の成立や解消とほぼ同様に考えることができます。

7……実子

(1)嫡出子・嫡出子と推定される子

正式な婚姻関係にある男女を実の両親として生まれた子どもを嫡出子（ちゃくしゅつし）といいます。最近まで、親が死亡したときの相続分が、嫡出子は嫡出でない子＝非嫡出子の2倍という違いがありました（旧900条4号但書）。しかし、平成25年についに法改正が行われ、この定めは廃止となり、嫡出かそうでないかによる区別はなくなりました。

さて、婚姻関係にある女性から生まれたというだけでは、本来嫡出子かどうかはわかりません。その女性が夫以外の男性と性交渉を持ち妊娠する可能性もあるからです。

しかし既婚女性が婚姻中に妊娠した子どもは、その夫が実の父親である可能性は高いので、嫡出子と推定することにしました（772条）。これを嫡出の推定とよびます。

772条の嫡出推定は、判例実務により拡張されていて、内縁が先行していれば、結婚から200日以内に生まれた子どもでも嫡出子と推定されます。

ただし、婚姻中の女性が産んだ子どもは、全て確定的に嫡出子になると勘違いしている人がよくいますが、必ずしもそうではありませんので、注意してください。

自分が父親ではないと確信する夫は、嫡出否認の訴えを起こして、この推定をくつがえすことも可能だからです（774条）。

▼父と子の関係は、離婚と並ぶ親族法の永遠のメインテーマですね。ただし最近ではDNA鑑定という最終兵器ともいえる手段が現れました。

▼離婚後に生まれた子どもでも、正式な婚姻中に妊娠していれば嫡出子です。

▼平成25年9月4日の最高裁判決が、不合理な差別であり憲法違反であるという判断をしたことを受け、すみやかに法改正が行われました。

▼第772条〔嫡出の推定〕①妻が婚姻中に懐胎した子は、夫の子と推定する。②婚姻の成立の日から二百日を経過した後又は婚姻の解消若しくは取消しの日から三百日以内に生まれた子は、婚姻中に懐胎したものと推定する。

▼懐胎とは、妊娠のことです。

264

27……親族

> **嫡出子**：婚姻中の男女を実の父母とする子ども
>   ①男女が正式の婚姻中であること（内縁ではだめ）
>   ②実際のその男女の子どもであること
> **嫡出推定**：既婚女性から生まれた子どもを、その夫の実の
>   子どもであると推定すること。
> ※嫡出否認の訴えが提起され、DNA鑑定などにより夫の
>   実の子ではないことが明らかになれば、嫡出子ではなく
>   なる。

▼もっとも今まではそうで
したが、人工受精などの不
妊治療の発達により、母子
関係も相対化してきまし
た。

⑵嫡出推定の及ばない子

　生まれた子どもの**母親がわからないということはまずあ
り得ません**から、嫡出子とか嫡出推定というのは結局、母
親の戸籍上の夫が実の父親である、あるいはその可能性が
高いということを意味します。

　そしてそれは、**夫婦の同居義務、貞操義務や、女性の再
婚禁止期間という法律上の義務が履行されることが前提**と
なっていますから、このような前提が崩れた場合には、嫡
出推定が及ばず、**嫡出否認の訴えによらなくても父子関係
を否定できる**と考えられています。

⑶非嫡出子

　婚姻関係にない男女を両親とする子どもを、非嫡出子と
いいます。

　次ページの図の子Aのように内縁や同棲中の男女間に生
まれたり、子Dについて婚姻中の夫が嫡出否認の訴えに勝
訴した場合、その子どもは非嫡出子となります。俗に**私生
児**とも呼ばれています。法的区別が廃止されたことで、今
後は非嫡出子への事実上の差別もなくなっていくことが期
待されます。

265

(4)認知

婚姻関係にない男性が、非嫡出子について、自分が実の父親であることを認めることをいいます。

厳密には母親も認知ができますが（779条）、母子関係は認知するまでもなく出産という事実から明らかなので、通常は女性からの認知は必要ありません。

これに対して、**男性からの認知は父子関係の確立に必ず必要**です。**認知があるまでは、非嫡出子と父親の間には親子の関係は生じません。**

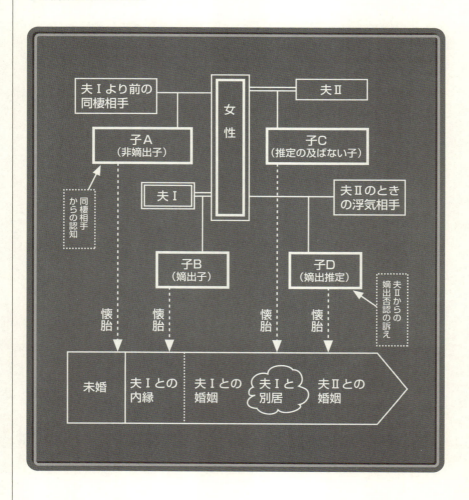

27……親族

　父親であることを自ら認めるというと非常にいさぎよく
聞こえますが、お昼のテレビドラマでは、なぜか男性は、
女性に妊娠の事実を告げられると、「本当に俺の子なのか」
とうろたえなければならないしきたりになっていますね。

　このようにいつまでも煮え切らず、認知を渋る男性に対
しては、認知を求める訴えを起こすことができます。これ
を**強制認知**といいます（787条）。

　これに対して、自分の子どもであることを認めて自発的
に認知することを**任意認知**といいます。

(5)**準正**

　認知がされれば父親も母親も定まることになりますが、
**婚姻外の男女の子どもが非嫡出子であることには変わりあ
りません。**

　しかし、まだ結婚していない両親が、その後結婚すれば、
それまで非嫡出子だった子どもは嫡出子となります。これ
を準正といいます（789条）。認知と婚姻はどちらが先で
もかまいません。

準正
①婚姻準正：出生⇒認知⇒結婚により嫡出子（789条1
　　　　　　項）
②認知準正：出生⇒結婚⇒認知により嫡出子（789条2
　　　　　　項）

8……養子

　かつては**家を維持**するためによそから後継ぎをもらう養
子が盛んに行われました。

　夫婦の間に7、8人子どもがいるのもざらでしたから、
養子に出す方もそれほど抵抗がなかったかも、といったら
言い過ぎですが、とにかく今よりは、養子が多く行われて

第5編■家族法

いたのは事実でしょう。

　婿入りした場合に、妻の両親の養子になることも珍しくありませんが、これも**家の存続**ということが、1つの目的になっていますね。

　最近では家という概念が希薄になり、妻の両親と同居する場合でもマスオさんのように、養子にはならない場合が多いですね。

　ただ、だからと言って養子の重要性が薄れたわけではなく、養子が、家や養親のための制度ではなく、**幼少者が養子にとられる場合の福祉をより重視**して、民法を解釈しなければならなくなったといえます。

(1)養子縁組の成立

　婚姻と同様、**意思表示**と**届出**が基本です。

　ただ、親子の関係は、婚姻における配偶者間のような**完全な対等関係ではなく**、子に対する一方的な義務もありますから、養親になることができるのは20歳以上の者に限られます（792条）。

　またヤクザの世界とは違って、年上の者を養子にすることはできません（793条）。

　一番の問題は**未成年者を養子にとる場合**です。

　まず**15歳未満の者は自ら養子となる意思表示ができません**。この者については法定代理人＝親権者や後見人が代わって養子となる意思表示を行います。これを**代諾（だいだく）養子**といいます（797条）。

　15歳以上の者は自分の意思で養子に入ることができ、法定代理人の同意（5条1項）は必要ありません。しかし子どもを食い物にするような人身売買的な養子縁組を防止するために、未成年者の養子縁組には**家庭裁判所の許可**が必要とされています（798条）。

▼「子の福祉のための養子」の現れの一つです。ちなみに戦前は家庭裁判所の許可は不要でした。

(2)養子縁組の効力

　親子関係が発生することが、養子縁組の効力です。

　養子を起点として、養親の**血族**との間にも親族関係が発生することになります（727条）。これを**法定血族**といい

268

ます。

▼まぎらわしいので注意しましょう。

養子と養親の**姻族**との間には、親族関係は発生しません。実親子の関係は消滅せず、並行して存続します。

⑶養子縁組の無効、取消し、解消

基本的な思考方法は、婚姻の無効、取消し、解消と同じです。

▼生きている方が相続人となるのはもちろんです（そのために養子縁組したとも言えるわけですから）。死亡した養親の血族との法定血族関係が終了するという意味ですね。

婚姻と同じように、**養親か養子のどちらか一方の死亡により、養子関係は消滅する**と考えられています。

離婚に相当する、養子縁組の解消を**離縁**といいます。離婚と同じように**協議離縁**（811条1項）と**裁判離縁**があり、裁判離縁の事由は法律で定められています（814条）。

9……親権

未成年者の子を監護、教育、監督する権利義務の総体を親権といいます（820条）。

⑴共同親権の原則

親権は**両親が共同で行使**するのが原則です（818条3項）。両親の一方がいないときや離婚したときのみ、**単独親権**となります（819条）。

単独親権とされる場合

・父母の一方の死亡や行方不明⇒残っている方が当然に単独親権
・父母が離婚⇒離婚時に裁判所が親権者を決定
・非嫡出子⇒認知されたかどうかにかかわらず母親の単独親権

(2) **親権の内容**

親権というのは**包括的な権利義務**ですので、完全には個別化できませんが、大筋で次のようになります。

> ①権利的なもの
>   身上監護権：居所指定権、懲戒権、職業許可権など
>   財産管理権：法定代理権（824条）、法律行為の同意権、取消権（5条）
> ②義務的なもの
>   監督責任：未成年者が他人に損害を与えないよう、監督する義務（709条、714条）

重要なのは、**子どもと親権者の利益が反する場合**には、親権者の財産管理権は制限されることです。この場合、家庭裁判所の選任する**特別代理人**が代わって財産管理権を行使します（826条）。

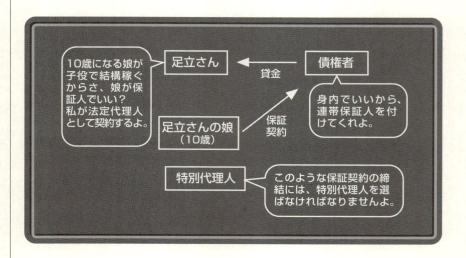

27……親族

たとえば、事例のような契約で、足立さんが娘を代理して、債権者と保証契約を結ぶことはできません。足立さんと娘の利害関係は相反しているからです。

⑶親権のはく奪

実の両親であっても、子どもを虐待したり、養育を放棄するなどの**不行状**があったり、経済的に子どもを食い物にするなどの**親権の濫用**がある場合、子の健全な福祉の見地から親権がはく奪されます（834条）。

要するに親として失格ということです。

親権の行使が困難または不適当であることにより子どもの利益を害するときは、親権が停止されます（834条の2）。

また、親として失格というほどではないが、**子どもの財産管理能力に欠ける場合**のように、親権の一部である財産管理権だけがはく奪されることもあります（835条）。

▼財産管理権については、もう一度民法総則の規定も確認しておきましょう。

親権や財産管理権をはく奪するかどうかを決めるのは家庭裁判所です。

はく奪の結果親権者がいなくなってしまったときは、後見が開始することになります（838条）。

10……後見

後見とは、一般的には**後ろ盾**という意味で使われますね。法律的には、未成年者や成年被後見人（8条）を保護することをいい、その**保護者としての役割**を持つ人のことを後見人といいます。

未成年者は、その保護は親権者の役割ですから、親権者がいない場合または親権者が財産管理権をはく奪されている場合、後見人が選ばれます（838条1号）。

成年被後見人については、常に後見人が選ばれます（838条2号）。

後見人は、家庭裁判所が適任者を任命するのが原則です（840条、843条）。

未成年者の後見人は、親権者と同じく、未成年者の身上監護と財産管理を行います（857条、859条）。

271

第5編■家族法

　成年者の後見人は、成年被後見人の生活療養看護、財産
管理に関する事務を行います（858条、859条）。

　後見
①未成年者の後見：身上監護、財産管理
②成年被後見人の後見：療養監護、財産管理

11……後見に関わる他の制度

⑴後見監督

　後見人の権限はかなり強大なので、その権限が濫用され
ることのないように、お目付け役が置かれることがありま
す。後見人の監督者を**後見監督人**といいます（851条）。

⑵保佐、補助

　成年被後見人ほどではないけれども、単独で法律行為を
するには不安が残る人を、その程度に応じて被保佐人
（11条、876条）と被補助人（15条、876条の6）に
分け、それぞれ重要な行為については保佐人や補助人の監
督を受けることとする制度です。
　ここで各種の保護制度をもう一度おさらいしておきまし
ょう。

272

27……親族

	対象者	対象行為	権限	備考
親権	未成年者	全行為	法定代理権 同意権 取消権	
後見	未成年者 成年被後見人 （物事の認識 能力が**常に欠 ける**者）	全行為	法定代理権 取消権	成年被後見 人は、かつ ての禁治産 者に相当
後見監督	後見と同じ	後見と同じ	後見人の監 督権	後見人の権 限濫用防止
保佐	被保佐人（物 事の認識能力 が**非常に不十 分な**者）	法律が定め る重要行為	同意権 取消権 代理権が認 められる場 合もあり	かつての準 禁治産者制 度に相当
補助	被補助人（物 事の認識能力 が不十分な者）	法律が定め る重要行為 の内、当事 者が選択し たもの	同意権 取消権 代理権が認 められる場 合もあり	老人性痴呆 など、軽度 の精神障害 者を想定

12……**扶養**

　親族がお互いに生活を経済的に支えあい、**困窮している
親族を経済的に援助**することを扶養といいます。

　自分が相応の生活をしてなお余裕があるときは、困窮す
る直系血族、兄弟姉妹を扶助する義務があります（877
条）。これを**扶養義務**といいます。自分と一心同体の存在
である配偶者に対して同様の義務を負うのはもちろんです
（752条）。

　扶養義務を、困窮した親族の側から見たとき、それは余
裕のある親族に金銭の給付を求める権利です。これを**扶養**

273

第5編■家族法

請求権といいます。

　扶養は、要扶養者が扶養義務者に対して、扶養請求権を行使することによって開始されます。

　ところで父親が困窮しているとき、父親の兄弟や子どもは、各自が扶養義務を負っているわけですが、兄弟よりもまず子どもが面倒をみるべきだといえるでしょうか。

　この点民法では、**とくに形式的な親族間の順位を決めずに、当事者の話し合いや裁判所の判断**に任せることにしています（878条）。

　扶養義務の履行は、通常は月々の定額給付の形で行われることが多いと思われますが、金額や方法について当事者で話し合いがつかなければ、家庭裁判所の調停や審判に委ねられることになります（879条）。

　扶養開始後、扶養の必要がなくなった場合に扶養が終了することは当然です。

相続
★

28

　自然人が死亡したときに、その者の**私法上の権利や義務を他の者に引き継がせること**を相続といいます。

　法律的な理屈だけを考えれば、ある者が死亡したときに、その者に属していた権利や義務は全て消滅するとしても問題はありません。

　しかし理屈としてはともかく、現実にそうなったとすると、その人が所有していた家屋や財産は死亡と同時に無主物になり、たちまち大勢の人による争奪戦が始まってしまいます（239条）。

　全てを国家が取り上げてしまえば国はウハウハですが、これも度が過ぎると、働いてお金をためるのがばかばかしくなってしまいますね。

　やはり**自分が努力して残した財産は、死亡した者と近しい関係にあった者に与えるのが、丸く収まる**というもので

しょう。

　実際死亡した人が残した財産というのは、家族の有形無形の協力によるところも大きいので、そうしたとしてもあまり文句をいう人はいないでしょう。

　そうであれば、財産ばかりではなく、死んだ人が残した**義務もその人に引き継がせるのが公平**というものです。ある人の死亡によって別の人が義務を引き継いでくれるのであれば、**経済活動も円滑に行われる**ことでしょう。

　これだけが全てではありませんが、おおよそこのようなことを根拠として成り立っているのが相続制度とよばれるものです。

⑴特定承継と一般承継

　さて誰かの権利義務を引き継ぐ場合としては、2つのパターンがあります。

特定承継：
　特定の権利義務だけを別の者に移転。売買、債務引受など
一般承継：
　その者に属していた権利義務を包括的に移転。合併、相続など

　1つは、**ある特定の権利や義務だけを引き継ぐ場合**で、特定承継といいます。売買によって買主が所有権を譲り受けることや、債務引受によって債務の引受人がその義務を引き継ぐことなどがその例です。

　もう1つのパターンは、**その者に属していた権利義務を一括して移転するもの**です。

　たとえば**会社が合併したとき**は、存続会社は消滅する会社の一切の権利や義務を承継します。これを一般承継といいます。

相続は、死亡した者の権利義務が包括して、家族などの近しい者に移転されるもので、一般承継の最たるものといえます。

(2)**相続の開始**
自然人が死亡すると相続が開始されます（882条）。この死亡した者を**被相続人**といいます。

▼失踪宣告（31条）による死亡擬制も相続の開始原因でしたね。

1……相続人

法律の規定によって被相続人の権利義務を引き継ぐ者を、**相続人**といいます。

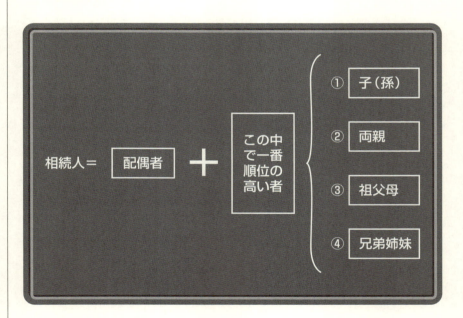

誰が相続人となるかは、法律の規定によって決められています。
子は最も基本的な相続人です（887条1項）。**胎児にも相続権がある**ことは既に述べました（886条1項）。
相続開始時に相続人である子が死亡等で相続人になれないときに、**孫**が代わって相続人となることを、**代襲（だい**

しゅう）**相続**といいます（887条2項）。

　直系尊属や**兄弟姉妹**は、子や孫がいないときの代替的な相続人です（889条）。父母と祖父母が共に健在のときは、親等の近い父母だけが相続人となります（889条1項1号但書）。

　配偶者は他の相続人の存在にかかわらず、常に相続人となります（890条）。

⑶相続人の欠格、廃除

　横溝正史の小説では、犯人が自分に有利な相続をするために、次々と他の相続人を殺害していきますが、現実社会でこのような行為をすると、**当然に**相続人の資格が失われます。

　これを**相続人の欠格**といいます（891条）。

　また、被相続人を生前虐待したり、侮辱したりした者は、**関係者の請求と裁判所の決定により**、相続人からはずされます。

▼「排除」ではなく「廃除」です。注意してください。

　これを**相続人の廃除**といいます（892条）。

相続人の欠格
　法定の理由があるときに当然に相続人でなくなる。
相続人の廃除
　関係者の請求があったときに、相続人でなくなる。

2……相続分

　相続が開始すると、遺産分割によって最終的に分配されるまでは、被相続人の財産や債務は全て、**いったん全相続人の共有**になります（898条）。

　被相続人の有していた財産や債務を**相続財産**といい、相続財産を共有する相続人全体を、**共同相続人**といいます。

　各相続人の相続財産に対する持分、すなわち被相続人の

債務や財産を受け継ぐ割合を、**相続分**といいます。

相続分は被相続人が生前に決めることができます。これを**指定相続分**といいます（902条）。

被相続人が指定相続分を決めずに死亡したときは、相続分は法律の規定によって決められます。これを**法定相続分**といいます（900条）。

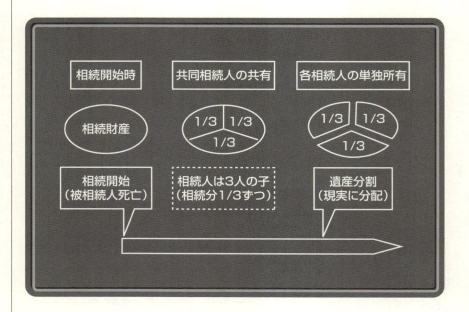

上の図を見てください。被相続人に配偶者がなく３人の子がいた場合、相続人になるのはこの３人の子どもです。

被相続人が死亡して相続が始まると、全相続財産は３人の子どもの共有物になります。その共有持分は相続分に応じ、各人1/3ずつです。

各子どもは、遺産分割という共有物分割の手続によって、初めて現実に各人の財産を手にすることになります。

(4)**法定相続分**

法定相続分は、誰が相続人となるかという相続パターンによってその割合が変わってきます（900条）。

900条の趣旨を黒板に書き出します。

①子と配偶者が相続人のとき（1号）
　子：1/2 配偶者：1/2
②直系尊属と配偶者が相続人のとき（2号）
　直系尊属：1/3 配偶者：2/3
③兄弟姉妹と配偶者が相続人のとき（3号）
　兄弟姉妹：1/4 配偶者：3/4
④子、直系尊属、兄弟姉妹が数人いるときは各自の相続分は原則等しい、ただし異母異父の兄弟姉妹の相続分は、普通の兄弟の半分。（4号）

それでは1つ問題を出します。

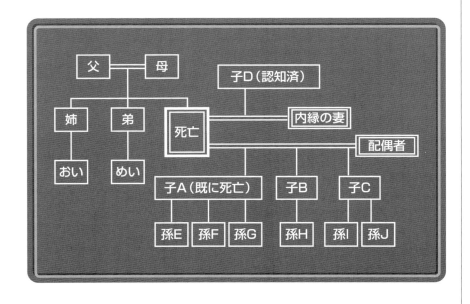

第5編■家族法

　前ページの図のような家族関係がある者が死亡した場合
の相続人と相続分を900条を元に考えてみましょう。ま
ずは自分で考えてみてください。

　相続分を考える前に、**まずは相続人を確定**します。

　配偶者は常に相続人になるのでした。

　内縁の妻は法定相続人ではありません。

　直系尊属や**兄弟姉妹**より相続順位の高い**子**が存在します
ので、父、母、姉、弟は相続人となりません。

　おいやめいが相続人となるのは代襲相続の場合に限られ
ますが、この事例ではそもそも姉や弟は相続人ではないの
でその余地はありません。

　子BCDはいずれも相続人です。

　孫HIJは、子BCDが相続人となる以上、代襲相続人に
なることはありません。

　子Aは被相続人より先に死亡しているので、子A自体は
相続人ではありません。しかし孫EFGは、子Aに代わっ
て代襲相続人となります。

　従って相続人は、**配偶者、子BCD、孫EFGの7人**です。

　次に相続分を考えてみましょう。

　配偶者と子が相続人になる場合ですので、まず配偶者の
相続分は1/2です。したがって残りの1/2を、他の相続
人で分け合うことになりますね。

　子の相続分は、嫡出かそうでないかに関係なく均等です。

　孫EFGは合わせて、本来子Aが生存していれば相続し
ていた分を均等に相続します。

　以上をまとめると、

A＋B＋C＋D＝1/2

A＝B＝C＝D

E＝F＝G

E＋F＋G＝A

となります。

　この方程式を解いて各相続人の持分を出すと、

　子B：3/24　子C:3/24　子D：3/24　孫E：1/24
孫F:1/24 孫G：1/24 となります。

　配偶者の相続分が全体の1/2＝12/24ですから、これ

28……相続

を足すと、

3/24 ＋ 3/24 ＋ 3/24 ＋ 1/24 ＋ 1/24 ＋ 1/24 ＋ 12/24＝1

になりますね。みなさんの答えは正解でしたか？

⑸特別受益者

▼遺言によって特定の財産を譲り受けることを「遺贈」といいます。

生前に被相続人から贈与を受けたり、遺言によって財産を譲り受けた相続人を**特別受益者**といいます。

相続人の中に特別受益者がいた場合、通常の方法によって相続分を決めると、**特別受益者が相続財産を必要以上に多くせしめる**ことになってしまいます。

そこで**特別受益者の受け取った財産を相続財産に加えたものを全体の相続財産とみなし**、特別受益者が受け取った分は、その者の相続分に含まれるものとされます（903条）。

⑹寄与分

逆に、**相続財産の増加等に貢献した相続人**がいた場合は、この増加分は相続財産に含めない扱いがなされます。これを寄与分といいます（904条の２）。

寄与分は相続人だけに限られます。内縁の妻が相続財産の増加にいくら貢献しても、寄与分は認められません。

内縁の妻が遺産を受け取れるのは、遺言が存在しなければ、後述の相続人不存在の特別縁故者の場合しかありません。

特別受益：
　被相続人から共同相続とは別に譲り受けた財産も、相続財産に含める。
寄与分：
　特定相続人の貢献分は、相続財産に含めない。

281

第5編■家族法

3……遺産分割

相続財産に対する各相続人の共有持分＝**相続分**は、あくまでも相続財産全体に対する**抽象的な割合**でしかありません。

相続財産が全て現金や預金であるのなら、その割合がそのまま各相続人の現実の取り分でもありますが、相続財産に不動産や動産、株式などが含まれていれば、**現実的な分配方法**を決めなければなりません。これを**遺産分割**といいます。

法定相続分にしろ遺言による指定相続分にしろ、相続分さえ決まれば、何か相続全体がヤマを超えてしまったかのような印象がないでもありませんが、現実には、**各相続人の利害が最も激しく対立し紛糾する**のが、この遺産分割手続です。

遺産分割の方法には、①被相続人が遺言で指定する指定分割（908条）、②全相続人の話し合いで決める協議分割（907条1項）、③裁判所が決定する審判分割（907条2項）があります。

▼私たちが世俗的に「遺産相続」とか「相続放棄」という場合は、実は遺産分割の合意を指している場合が多いのです。

①指定分割 ：被相続人が遺言で分割方法を指定
②協議分割 ：全相続人の合意により分割
③審判分割 ：家庭裁判所が分割方法を決定

全相続人の協議で遺産分割を行う場合は、相続分の割合にこだわることなく、自由に遺産分割を行うことができます。ただし、**共同相続人が一人残らず参加し、全員が合意する**ことが必要です。

全相続人が同意する限り、**法定相続分と異なった割合で遺産を分配する**こともできますし、**一人の相続人が全ての財産を取得する**ことも可能です。

▼不在者の財産管理人（25条）が、遺産分割協議のために選任されることが多いのを思い出してください。

282

実際、長男が農業や営業を継承する場合など、それ以外の相続人の**実質的な相続放棄が遺産分割手続として行われることも少なくありません。**

協議による遺産分割がととのうと、**遺産分割協議書**が作成されるのが普通です。

どのような協議書が作成されるのか、少し見てみましょう。

遺産産分割協議書

　平成30年1月○○日大阪市○○2丁目○番○号○○○○の死亡によって開始した相続における共同相続人である△△△△，□□□□，◇◇◇◇は，その相続財産について分割協議を行った結果，次のとおり遺産を分割し，各相続人が取得することに合意した。

一　相続人△△△△が取得する財産

　1 別紙物権目録1記載の土地

　2 別紙物権目録2記載の建物

二　相続人□□□□が取得する財産

　1 被相続人○○○○の所有していた家財道具一式

三　相続人◇◇◇◇が取得する財産

　1 現金300万円

　本協議を証するため，協議書4通を作成して署名捺印し，各自その1通を保有するものとする。

平成30年9月○○日

　　　　相続人 △△△△　　　（署名捺印）

　　　　相続人 □□□□　　　（署名捺印）

　　　　相続人 ◇◇◇◇　　　（署名捺印）

相続人間の合意がととのわなければ、遺産分割の具体的

第5編■家族法

な方法も裁判所に決めてもらうほかありません。これを**審判分割**といいます。この場合はもちろん、各相続人の相続分を考慮して行われることになります。

どのような方法であれ、遺産分割が成立すると、各相続人はその財産を、**相続開始日に被相続人から直接相続により取得**したものとみなされます（909条）。これを**遺産分割の遡及効**といいます。

4……配偶者居住権

被相続人所有の建物に住んでいた配偶者には、継続してその建物に住み続けることができるという配偶者居住権が認められています。配偶者居住権は、遺言や遺産分割の内容として選択できます（1028条）。

その建物が第三者へ遺贈された場合でも、最低6カ月間は住み続けることができるという、配偶者短期居住権も認められています（1037条）。

5……相続の承認と放棄

被相続人の死亡によって法律上相続が当然に開始しますが、**相続人の意思を全く無視して手続が進むわけではありません。**

財産をもらうだけならまだしも、一般承継によって債務をも受け継ぐことになるからです。

そこで相続人には、**一般承継を承知するかどうか**を熟慮する機会が与えられます。これを熟慮期間といい、相続開始を知った日から3カ月間です（915条1項）。

(1)単純承認

相続人の**権利義務を無条件で受け継ぐ**ことにする相続人の意思決定を単純承認といいます（920条）。

熟慮期間の3カ月を、限定承認や相続放棄をしないまま、熟慮期間が経過したり、相続財産の一部を処分するなど、財産や債務を承継すると受け取られるような行為をしたときも、単純承認をしたとみなされます（921条）。

これを法定単純承認といいます。

284

28……相続

(2)限定承認

全てのプラス財産と、**プラス財産を上まわらない範囲でのマイナス財産**＝債務を、共に相続する意思表示を限定承認といいます（922条）。

限定承認は、**借金や債務がどの程度あるかわからない場合**に利用されます。

複数の相続人がいるときは、共同相続人が全員そろってする場合のみ限定承認は有効です（923条）。限定承認をするには、熟慮期間の3カ月以内に、裁判所に財産目録を提出して行わなければなりません（924条）。

(3)相続放棄

被相続人の**財産も債務も一切引き継がない**旨の意思表示を、相続放棄といいます（938条）。

プラス財産よりも、マイナス財産である債務が明らかに多くて相続する意味がないときに、熟慮期間の3カ月以内に家庭裁判所に対する申述によって行われます。

相続財産を全く受け取らないことは、遺産分割によっても可能ですが、**遺産分割では債務をも承継しないことになるのかは不明確**ですので、債務を引き継がないことをはっきりさせるには、相続放棄が必要です。

①単純承認：一切の財産と債務を相続
②限定承認：プラス財産の限度で、債務も相続
③相続放棄：最初から相続人でなかったことになる

相続放棄がなされると、その相続人は、最初から相続人でなかったことになります。これを**相続放棄の遡及効**といいます（939条）。

285

第5編■家族法

6……相続人の不存在

(1)相続人の捜索

　死亡した人の権利義務を消滅させずに、生きている人に引き継がせる制度が相続ですが、**権利義務を引き継ぐべき相続人がいなかったり、それらしい人が見当たらないとき**はどうなるのでしょうか。

　まずは相続人である人は名のり出るように、家庭裁判所が公告を行います（958条）。これを**相続人捜索の公告**といいます。

　この公告は**家庭裁判所の掲示板**と**官報**に掲示、登載されます。

　現実にはこれらを見て相続人が名のり出てくるということはまずありませんが、手続を踏んでいくうえで、「するべきことはしましたよ」という意味では重要です。

　公告をしてから6カ月間は、相続人が名乗り出てくるのを待ちます。その間相続財産は、一種の**財団法人**となって**相続財産管理人**の管理に委ねられます（951条、952条1項）。

▼官報とは、政府が発行する機関紙、社内報のようなものです。

▼相続人がいるけれども行方不明である場合は、不在者の財産管理制度（25条）が利用されるのでしたね。

(2)特別縁故者への財産分与

　6カ月たっても相続人が現れない場合、相続人ではないが死亡した者とゆかりの深かった者＝**特別縁故者**に、その財産が分け与えられます。

　死亡した者の**内縁の妻**や、死亡者を最後まで**看病した友人**などが特別縁故者の例です（958条の3第1項）。

　「財産を分与」するのであって、これらの者に死亡者の**権利義務を承継させるわけではない**ことに注意してください。特別縁故者がマイナス財産を引き継ぐわけではありません。

　また、必ずしも**全ての財産**が特別縁故者に与えられるわけではありません。死亡者とのゆかりや貢献の度合いに応じて、家庭裁判所がどの程度を分け与えるかを決定することになります。

　内縁の妻であれば全ての財産を受け取ることもあるでし

286

28……相続

ょうが、看病をした友人に何千万円もの財産が与えられることは通常ありえないでしょう。

(3)国庫帰属

特別縁故者もいなかったり、特別縁故者に全ての財産が与えられなかった場合は、**残った財産は国が取得**します。これを**国庫帰属**といいます。

相続人が不存在の場合、国庫帰属によって最後のケリがつくことになります。もちろん国が取得するのはプラス財産だけで、死亡した者の義務を国が承継したりすることはありません。

7……遺言

被相続人は生前に、各相続人の**相続分を指定**したり、**遺産分割方法を指定**しておくことができるのでしたね。

また、**遺贈**といって特定の者に財産を譲ることもできました。

▼法定相続人が遺贈を受ければ、特別受益者として扱われるのでしたね。

そのほかにも、**認知**をしたり（781条2項）、一定期間は**遺産分割を禁止**したり（908条）など、さまざまな意思表示を、あらかじめ**生前に書面で残して**おくことができます。

そしてこれらの意思表示は**被相続人の死亡によって効力が生じます**。これを遺言（いごん・ゆいごん）といいます。

欧米と比べると日本ではあまり遺言が利用されていないと言われています。

そのような習慣がないと言われればそれまでですが、厳密には死に際して残しておきたい自分の意思がないわけではなく、その意思を**書面に残しておく習慣があまりない**というのが正確なところでしょう。

死んでしまった者に「あれは本当のところどういうつもりだったのですか」と聞くわけにはいかないので、遺言を記載する書面＝遺言書は、実に**厳格な方式**が定められています。

これが遺言を敬遠させる1つの要因になっています。

また後に述べる**遺留分**が比較的広く認められていること

287

第5編■家族法

も、遺言をする意味を少なくしていると言えるでしょう。

それから、せっかく遺言書を残しても、それを遺族が見つけてくれなければ意味がありません。中にはこっそり遺族が遺言書を握りつぶしてしまうケースもあるでしょうね。

いくら立派な遺言書があっても、遺族全員が合意のうえで遺産の協議分割をしてしまえばそれまでなのです（907条1項）。

このように、遺言は日本の相続制度には今のところあまり重要な役割を果たしていませんが、全然行われていないわけでもありません。

遺言がのこされたときは、遺言制度や方法が必ずしも国民一般に周知していないこともあって、たいてい争いが生じます。

遺言がなければ丸く収まるところを、遺言をのこしたために争いが生じたとすれば、遺言制度にとっては皮肉なことですね。

⑴遺言の普通方式：遺言書

遺言を残す者を**遺言者**といいます。少し述べたように、遺言は書面でなされるのが原則です（967条）。これを遺言の**普通方式**といいます。

遺言が記載された書面を**遺言書**といいます。

遺言書にはいくつかの方式があります。**一番基本的でよく利用されるのは自筆証書遺言**です。

自筆証書遺言は必ず本人が**全文を自筆で作成**しなければなりません（968条1項）。

さらに**日付、署名、押印**が必要です。

もっとも、遺言に添付する財産の目録はパソコンで作成することができます（968条2項）。

▼公に通用する権利義務に関する書面を作成する職業を公証人といいます。公証人に作ってもらった契約書や遺言書は強い効力が認められます。

28……相続

> 遺言書の方式
> ①自筆証書遺言－自分で手書きする遺言書（968条）。
> ②公正証書遺言－証人の立会いの元に公証人に口述筆記し
> 　てもらう遺言書（969条）。
> ③秘密証書遺言－手書きやワープロなどで自分で作成し密
> 　封した遺言書を、公証人がさらに密封して、自分の遺言
> 　書であることを証明してもらう手続（970条）。

　署名押印は作成者の意思にもとづくことを明らかにする
ために必要ですが、日付は複数の自筆証書遺言が存在する
ときに、どの自筆遺言書が有効なのかを明らかにするため
に必要です。
　新旧複数の自筆証書遺言があったときに、どれが有効に
なると思いますか？
　一番新しい日付の自筆証書遺言のみが有効となります。
　言いかえれば、遺言者がいつでも新しい日付の遺言書を
作成して、遺言の内容を変更することができます。これを
遺言撤回の自由といいます。

> 自筆証書遺言の方式
> ①全文を手書きで自筆すること（財産目録はパソコン可）
> ②日付を手書きで記載し、署名、押印すること
> ③日付の最新のものだけが有効となる

　　　　⑵**遺言書の検認**
　　　　　自筆証書遺言と秘密証書遺言については、遺言者の死亡

289

後に、その**内容を家庭裁判所が確認**する手続が必要です。これを検認といいます（1004条）。

　検認は、その時点で遺言書に記載されている内容を公に確定するだけで、**遺言書が真正に成立したかどうか**がこれにより確定されるわけではありません。

　封印のある遺言書を検認前に開封してしまうと、罰則がありますが、**遺言書が無効となってしまうわけではありません**。

　公正証書遺言や秘密証書遺言は、公証人という公の機関が関与するので、遺言者の自筆である必要はありません。ただしそれなりの費用がかかるという欠点があります。

　また**遺言内容を秘密にしておきたければ**、公正証書遺言は利用できません。

　どの方式を選ぶかは一長一短です。皆さんが遺言を残すとしたら、どの方法を選びますか？

⑶遺言の特別方式

　普通遺言の方式に従うことができない**特殊な事情がある場合**は、口頭による遺言が許されたり、署名押印を要しないなど、普通遺言の**厳格な方式が緩和**されます。

　これを**特別方式による遺言**といいます。

　ひん死の状態にあって遺言書を残す余裕のない者については、口頭による遺言が認められる（976条1項）などがその例です。

---

①普通方式の遺言：自筆証書遺言、公正証書遺言、秘密証書遺言の3方式による厳格な要式の遺言。

②特別方式の遺言：緊急事態で普通方式による余裕がない場合に、要式が緩和された遺言。日付を手書きで記載し、署名、押印すること。

28······相続

⑷遺言の効力

遺言は、契約とは異なり**遺言者の一方的な意思表示**です。したがって遺言が効力を生じると共に、受遺者の承諾を要せずに、遺言の内容である法律行為の効果が発生します。

遺贈された財産は受贈者に移転し、遺言により認知した子どもとの間に父子関係が発生します。

そしてその効力発生時期は、遺言者の死亡時です（985条1項）。

もっとも、認知のように単独の意思表示で効力が発生する場合は問題ありませんが、遺贈のように、**財産を譲られる側の意思を無視できない場合**もあります。とくに遺贈が負担付でなされた場合はそうです。

法定相続人に放棄が認められているように、遺言によって財産を贈られた者も、その権利を放棄することができます。これを**遺贈の放棄**といいます（986条）。

▼贈与は負担付で行うことができましたね。同じように遺贈も受贈者に負担を課すことが可能です。

⑸遺言の執行

抽象的な権利義務の帰属は遺言それ自体によって定まりますが、**現実の届出を行ったり財産を移動したり**などは、実際に誰かが行わなければなりませんね。

これを**遺言の執行**といいます。先に述べた遺言書の検認も、遺言の執行のひとつといえます（1004条）。

遺言書の内容に争いがなく、遺族が自発的に遺言執行に該当する行為を行ってしまえばそれまでですが、争いがあるときには、遺言の執行は**遺言執行者**が執り行うことになります。

遺言執行者は、遺言者が遺言によって指定しなければ（1006条）、家庭裁判所が選任します（1010条）。

8······遺留分

生前は自分の財産をいかように処分しても自由なはずですから、遺言も同じように、自由に自分の財産の分配先を決めることができるように思えます。

しかし、**残された遺族の生活**も考慮しなければならないため、遺言の内容に関わらず遺産の1/2ないし1/3は、

291

子や配偶者、直系尊属のために残されます。

これを**遺留分（いりゅうぶん）**といいます（1042条）。

たとえば、妻を残して死亡した井山さんの遺産が3000万円の預貯金だったときは、全財産を内縁の妻に譲るという内容の遺言書があったとしても、実際に内縁の妻が受け取れるのは全遺産の1/2の1500万円だけです。

残りの1/2の1500万円は遺留分として、本妻その他の相続人に権利があります。

▼兄弟姉妹には遺留分は認められないので注意しましょう。

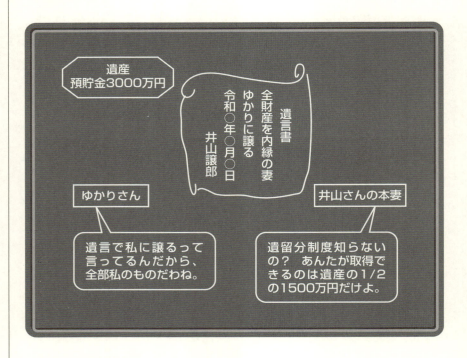

遺留分の算定の基礎となる財産は、死亡の1年前以内になされた贈与財産なども含みます（1044条1項前段）。

そして、相続財産から受け取った分が、なお遺留分に足りないときは、贈与によって財産を譲り受けた者に対して、遺留分侵害額を請求することができます。

これを**遺留分侵害額請求**といいます（1046条）。

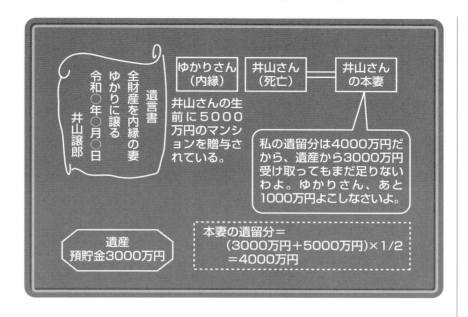

　たとえば、上の図の事例において井山さんが死亡の数カ月前に、5000万円のマンションを内縁の妻に贈与していた場合、本妻の遺留分は、本来の相続財産3000万円に、贈与されたマンションの価額5000万円を基礎とし、遺留分率をかけますから、

　（3000万円＋5000万円）×1/2＝4000万円
となります。

　そうすると、本妻は相続財産3000万円全てを受け取ってもなお遺留分である4000万円には達しません。

　このとき差額の1000万円を、**遺留分侵害額請求権**として内縁の妻に請求できるのです。

　なお遺留分侵害額請求権は、**1年の短期消滅時効**が定められています（1048条）。なるべく相続の法律関係を確定させて安定させる趣旨です。

著者プロフィール

尾崎 哲夫 Ozaki Tetsuo

1953年大阪生まれ。1976年早稲田大学法学部卒業。2000年早稲田大学大学院アジア太平洋研究科国際関係専攻修了。2008年米国ルイス・アンド・クラーク法科大学院留学。

松下電送機器㈱勤務、関西外国語大学短期大学部教授、近畿大学教授を経て、現在研究・執筆中。

主な著書に、「ビジネスマンの基礎英語」（日経文庫）「海外個人旅行のススメ」「海外個人旅行のヒケツ」（朝日新聞社）「大人のための英語勉強法」（PHP文庫）「私の英単語帳を公開します！」（幻冬舎）「コンパクト法律用語辞典」「法律英語用語辞典」「条文ガイド六法 会社法」「法律英語入門」「アメリカの法律と歴史」「アメリカ市民の法律入門（翻訳）」「はじめての民法総則」「はじめての会社法」「はじめての知的財産法」「はじめての行政法」「はじめての労働法」「国際商取引法入門」（自由国民社）他多数がある。

[Blog] http//tetsuoozaki.blogspot.com/
[E-Mail] ted.ozaki@gmail.com
[Web] http//www.ozaki.to

About the Author

Ozaki Tetsuo, born in Japan in 1953, was a professor at Kinki University.

Graduating from Waseda University at Law Department in April 1976, he was hired as an office worker at Matsushitadenso (Panasonic group). He graduated from graduate school of Asia-Pacific Studies at Waseda University in 2000. He studied abroad at Lewis & Clark Law school in the United States in 2008. Prior to becoming a professor at Kinki University he was a professor at Kansaigaikokugo college (from April 2001 to September 2004).

He has been publishing over two hundred books including,

A Dictionary of English Legal Terminology, Tokyo : Jiyukokuminsha, 2003

The Law and History of America, Tokyo : Jiyukokuminsha, 2004

An introduction to legal English, Tokyo : Jiyukokuminsha, 2003

English Study Method for Adults, Tokyo : PHP, 2001

The Dictionary to learn Legal Terminology, Tokyo : Jiyukokuminsha, 2002

The first step of Lehal seminar series (over 20 books series), Tokyo : Jiyukokuminsha, 1997〜

The Fundamental English for business person, Tokyo : Nihonkeizaishinbunsha (Nikkei), 1994

The Recommendation of Individual Foreign Travel, Tokyo : Asahishinbunsha, 1999

The Key to Individual Foreign Travel, Tokyo : Asahishinbun-sha, 2000
Master in TOEIC test, Tokyo : PHP, 2001
Basic English half an hour a day, tokyo : Kadokawashoten, 2002
I show you my studying notebook of English words, tokyo : Gentosha, 2004
American Legal Cinema and English, Tokyo : Jiyukokumin-sha, 2005, and other lots of books.
He has also translated the following book.
Feinman Jay, *LAW 101 Everything you need to know about the American Legal System*, England : Oxford University Press, 2000
＊These boook titles translated in English, The original titles are published in Japanese language.

※本書は2003年に『民法入門』として初版が刊行され、2009年の改訂に伴いタイトルを『はじめての民法』に改めたものです。　　　　　　　　　　　　（編集部）

はじめての民法

2009年8月8日 初版第1刷発行
2019年11月22日 第4版第1刷発行

著　者	尾崎哲夫
本文デザイン	熊谷英博
図版制作	有限会社 中央制作社
発行者	伊藤滋
発行所	株式会社 自由国民社
	〒171-0033 東京都豊島区高田3-10-11
	http://www.jiyu.co.jp/
	振替00100-6-189009
	電話03-6233-0781（代表）
印刷所	大日本印刷株式会社
製本所	新風製本株式会社

©2019　Ozaki Tetsuo Printed in Japan.
乱丁本・落丁本はお取り替えいたします。